CLÁSSICOS GREGOS E LATINOS

Rio profundo, os padrões e valores da cultura greco-latina estão subjacentes ao pensar e sentir do mundo hodierno. Modelaram a Europa, primeiro, e enformam hoje a cultura ocidental, do ponto de vista literário, artístico, científico, filosófico e mesmo político. Daí poder dizer-se que, em muitos aspectos, em especial no campo das actividades intelectuais e espirituais, a nossa cultura é, de certo modo, a continuação da dos Gregos e Romanos. Se outros factores contribuíram para a sua formação, a influência dos ideais e valores desses dois povos é preponderante e decisiva. Não conseguimos hoje estudar e compreender plenamente a cultura do mundo ocidental, ao longo dos tempos, sem o conhecimento dos textos que a Grécia e Roma nos legaram. É esse o objectivo desta colecção: dar ao público de língua portuguesa, em traduções cuidadas e no máximo fiéis, as obras dos autores gregos e latinos que, sobrepondo-se aos condicionalismos do tempo e, quantas vezes, aos acasos da transmissão, chegaram até nós.

CLÁSSICOS GREGOS E LATINOS

Colecção elaborada sob supervisão
do Instituto de Estudos Clássicos da Faculdade de Letras
da Universidade de Coimbra
com a colaboração
da Associação Portuguesa de Estudos Clássicos

TÍTULOS PUBLICADOS:

1. AS AVES, de Aristófanes
2. LAQUES, de Platão
3. AS CATILINÁRIAS, de Cícero
4. ORESTEIA, de Ésquilo
5. REI ÉDIPO, de Sófocles
6. O BANQUETE, de Platão
7. PROMETEU AGRILHOADO, de Ésquilo
8. GÓRGIAS, de Platão
9. AS BACANTES, de Eurípides
10. ANFITRIÃO, de Plauto
11. HISTÓRIAS - Livro I, de Heródoto
12. O EUNUCO, de Terêncio
13. AS TROIANAS, de Eurípides
14. AS RÃS, de Aristófanes
15. HISTÓRIAS - Livro III, de Heródoto
16. APOLOGIA DE SÓCRATES • CRÍTON, de Platão
17. FEDRO, de Platão
18. PERSAS, de Ésquilo
19. FORMIÃO, de Terêncio
20. EPÍDICO, de Plauto
21. HÍPIAS MENOR, de Platão
22. A COMÉDIA DA MARMITA, de Plauto
23. EPIGRAMAS - Vol. I, de Marcial
24. HÍPIAS MAIOR, de Platão
25. HISTÓRIAS - Livro VI, de Heródoto
26. EPIGRAMAS - Vol. II, de Marcial
27. OS HERACLIDAS, de Eurípides
28. HISTÓRIAS - Livro IV, de Heródoto
29. EPIGRAMAS - Vol. III, de Marcial
30. AS MULHERES QUE CELEBRAM AS TESMOFÓRIAS, de Aristófanes
31. HISTÓRIAS - Livro VIII, de Heródoto
32. FEDRA, de Séneca
33. A COMÉDIA DOS BURROS, de Plauto
34. OS CAVALEIROS, de Aristófanes
35. EPIGRAMAS - Vol. IV, de Marcial

EPIGRAMAS
Vol. IV

Título original: *Epigrammata Martialis*

© Cristina de Sousa Pimentel (Introdução e notas),
Paulo Sérgio Ferreira (tradução dos *Livros X* e *XIV*),
Delfim Ferreira Leão (tradução dos *Livros XI* e *XIII*),
José Luís Brandão (tradução do *Livro XII*),
e Edições 70, 2004

Capa do Departamento Gráfico de Edições 70
Na capa: cabeça da estátua de Augusto
da "Prima Porta", Séc. I a. C.

Depósito Legal n.º 206811/04

ISBN: 972-44-1196-6

EDIÇÕES 70, Lda.
Rua Luciano Cordeiro, 123 - 2.º Esq.º – 1069-157 LISBOA / Portugal
Telef.: 213 190 240
Fax: 213 190 249
E-mail: edi.70@mail.telepac.pt

www.edicoes70.pt

Esta obra está protegida pela lei. Não pode ser reproduzida
no todo ou em parte, qualquer que seja o modo utilizado,
incluindo fotocópia e xerocópia, sem prévia autorização do Editor.
Qualquer transgressão à Lei dos Direitos do Autor será passível de
procedimento judicial.

MARCIAL

EPIGRAMAS
Vol. IV

Nota Prévia

A presente tradução dos Livros X, XI e XII, dos Xenia *e dos* Apophoreta, *numerados como Livros XIII e XIV dos* Epigramas *de Marcial, toma como texto de referência a edição de D. R. Shackleton Bailey,* M. Valerii Martialis Epigrammata *(Stuttgart, Teubner, 1990). Pontualmente recorremos às edições de H. J. Izaac,* Martial. Épigrammes *(Paris, Les Belles Lettres, 1930- -1933), G. Norcio,* Epigrammi di Marco Valerio Marziale *(Torino, Unione Tipografico-Editrice Torinese, 1980) e D. R. Shackleton Bailey,* Martial. Epigrams (*Cambridge – Massachusetts – London, Loeb Classical Library, 1993).*

Para esta edição pudemos contar com a ajuda preciosa de três comentários: para o Livro XI, o de Nigel M. Kay, Martial Book XI. A commentary. *London, Duckworth, 1985; para o Livro XIII, o de T. J. Leary,* Martial Book XIII: The Xenia. *London, Duckworth, 2001; para o Livro XIV, também o de T. J. Leary,* Martial Book XIV: The Apophoreta. *London, Duckworth, 2002².Foi a ordenação dos dísticos proposta nesta última obra que adoptámos.*

A tradução deve-se a três docentes da Universidade de Coimbra: a dos Livros X e XIV *é da responsabilidade de Paulo Sérgio Ferreira; a dos* Livros XI e XIII, *de Delfim Ferreira Leão; a do* Livro XII, *de José Luís Brandão. A introdução e as notas, excepto quando há indicação em contrário, são de Cristina de Sousa Pimentel, da Universidade de Lisboa.*

Ao Doutor Walter de Medeiros, agora que chegamos ao fim desta longa caminhada pelos mais de 1500 epigramas de Marcial, não podemos senão prestar-lhe a homenagem de uma infinita gratidão: sem a sua sensibilidade e saber, nunca esse percurso nos teria sido ameno.

INTRODUÇÃO

Apresentam-se aqui os cinco livros de *Epigramas* que dão por concluída a publicação da obra de Marcial. O primeiro aspecto que nos parece dever ter em conta diz respeito à data de composição destes livros, cuja numeração, de X a XIV, não corresponde à cronologia da edição. De facto, os Livros XIII e XIV, como dissemos na Introdução ao vol. I, p. 11, foram publicados poucos anos após o *Livro dos Espectáculos*, o que faz deles o livro segundo e o livro terceiro que Marcial deu a conhecer. Surgiram, ao que tudo indica, por altura das Saturnais, em Dezembro de 84 ou 85, isto é, quatro ou cinco anos depois desse livrinho composto para celebrar a inauguração do Anfiteatro Flávio e para conquistar o reconhecimento oficial do seu talento. Só depois dessas três recolhas, centradas num tema restrito, Marcial se abalançou a voos poéticos mais amplos, publicando os restantes doze livros de epigramas. A numeração actual é, pois, dos editores e não a original.

Os títulos destes dois livros, *Xenia* e *Apophoreta*, seriam exactamente aqueles que o poeta lhes deu (cf. XIII 3, 1), remetendo para a função dos dísticos que os compõem. Ambos se destinam a acompanhar os presentes trocados pelas Saturnais, e é esse o significado mais amplo de *Xenia*, que recolhe a tradição que remonta aos presentes do código da hospitalidade homérica, continuada em Roma nos deveres inerentes às relações da *amicitia*. *Apophoreta*, por seu lado, evoca o costume de distribuir o que sobrava da refeição entre os convidados de um banquete (de aniversário, de casamento, dos festejos das Saturnais, ou de situações afins). Com o tempo, o leque desses presentes ampliou-se e, além de comida, passou-se à oferta de louça e outros utensílios domésticos, móveis, objectos de arte, e até dos escravos que tinham participado no entretenimento ou no serviço da refeição. Como o leitor verá, o Livro XIII aproxima--se mais do sentido restrito desses presentes (o que se come e bebe no banquete), enquanto o Livro XIV recolhe toda a variedade de prendas que se podiam trocar, de uma forma específica durante as Saturnais, as festas em honra de Saturno que se celebravam durante cinco a sete dias, no mês de Dezembro. Época de inversão da ordem social, dias em que o jogo era permitido e a festa constante, quando os escravos não podiam ser castigados e se sentavam à mesa dos senhores para serem servidos por eles, em que os meninos não iam à escola e todos se divertiam sem grandes barreiras nem entraves, nas Saturnais era costume trocar presentes: numa primeira fase, essa prática restringia-se aos homens, pois as mulheres tinham a sua festa própria, as Matronais, no dia 1 de Março, quando lhes tocava a vez de receberem prendas. No entanto, como se deduz destes livros XIII e XIV, na época de Marcial também já as mulheres (e as crianças, e até os escravos) eram contempladas durante as Saturnais. Mesmo que se ponha a hipótese de que alguns presentes fossem 'passados' a outros por premiados mais desiludidos com o que lhes coubera em sorte, circunstância que entrevemos em alguns dos dísticos desses dois livros (por ex. XIII 26; 69; 121; XIV 21; 70), a verdade é que um presente como um 'creme' para disfarçar as estrias do ventre (XIV 60), um sutiã (XIV 134) ou um cinto que será pequeno se a sua dona engravidar (XIV 151) não se destinavam, com certeza, senão a uma mulher.

As trocas realizavam-se, pois, entre patronos e *clientes*, entre amigos, para nos remetermos à esfera dos sentimentos e não apenas à dos deveres. Porque se tratava realmente de um dever e com as suas regras bem definidas: o patrono dava ao seu *cliens* um presente mais dispendioso, o *cliens* retribuía com um mais humilde. Isto é: cada um devia dar consoante as suas posses e o seu estatuto na escala social. Por isso aqueles que infringiam essa regra, como os que nada davam ou os que, sendo ricos, davam ninharias, são alvo de crítica ou de chacota por parte de Marcial em tantos epigramas.

Os presentes eram enviados, durante os dias das Saturnais, aos seus destinatários, ou então entregues durante os numerosos banquetes que então se realizavam. Nesse caso, eles eram muitas vezes

Introdução

sorteados, prática que Marcial deixa transparecer sempre que se refere à 'sorte' que ditou que fosse este ou aquele presente a sair a alguém (por ex. em XIV 20, 1; 144, 1).

Era usual que os presentes fossem acompanhados por versos que identificavam ou esclareciam de que se tratava. São, afinal, essas 'etiquetas' que Marcial resolveu compor e divulgar. O que lhe permite, como é seu hábito, brincar com o leitor: não só lembra que este é livre, se algum lhe meter nojo (o epigrama, não o presente...), de passar adiante, como, relembrando que pertence ao contingente dos 'pobres', sugere que os epigramas até podem ser muito bem os próprios – e únicos – presentes que ele envia (XIII 3, 5-8).

Ora, o que é inegável é que os Livros XIII e XIV assumem um carácter muito especial e, para o leitor desprevenido, intrigante. Que arte pode existir em dezenas e dezenas de dísticos que se ocupam de alimentos, vinhos, utensílios domésticos, peças de roupa, objectos do quotidiano como os palitos (XIV 22), a pasta de dentes (XIV 56), os enxota-moscas (XIV 67; 68), ou os 'esgravatadores de ouvidos', precursores das actuais cotonetes (XIV 23)?

O poeta, de facto, meteu ombros a uma tarefa ingente, impôs-se um desafio em nada fácil: como prender o leitor com essa sucessão de epigramas sobre realidades tão prosaicas como os diferentes tipos de queijos (XIII 30-33) ou de bolas de jogar (XIV 45-48)? Em primeiro lugar, pela variedade dos tópicos e dos processos de construção literária, como o que se prende com a própria organização interna dos livros. Nos *Xenia*, a apresentação dos presentes segue, *grosso modo*, a da organização de um banquete romano, com a sucessão dos alimentos que integravam a *gustatio*, os aperitivos (6-60), seguindo com os que constituíam os pratos principais e terminando com os da *comissatio*, a parte em que o vinho imperava e que se seguia ao jantar, sem esquecer as flores e os perfumes com que se adornavam os convidados (106-127). Dentro de cada 'bloco', também quase sempre é possível distinguir uma ordem subjacente: nos vinhos, por exemplo, Marcial começa pelos melhores, para ir descendo de categoria, como era prática comum que aliava, de modo inversamente proporcional, a qualidade do vinho e o grau de consciência dos convivas. Outras vezes é o gosto pessoal do poeta que abre as listas, como quando começa pela lebre, entre os animais que a caça proporcionava à mesa dos Romanos, porque 'entre os quadrúpedes', é esse o que considera 'melhor petisco' (XIII 92). No início e no fim do livro, como exige a lei da adulação que Marcial abraça, a presença do *princeps*, Domiciano, deus de Roma.

No caso dos *Apophoreta*, o esquema que subjaz à distribuição dos dísticos é a alternância: a um presente de rico, segue-se um de pobre. Por vezes, o presente é o mesmo, o material é que é diferente, inferior ou mais vulgar, como é o caso, por exemplo, dos cofres de marfim e de madeira (12; 13) ou dos enxota-moscas de plumas de pavão e de rabo de boi (67; 68). Esteja o leitor atento, todavia, pois tudo indica que, aqui e além, a tradição manuscrita fez com que perdêssemos um ou outro dístico, pelo que essa alternância não é 100% rigorosa.

Os títulos dos epigramas são do próprio autor: é o que podemos concluir do que diz em XIV 2, 2-4. São eles que, muitas vezes, esclarecem de que tipo de presente se trata, pois o dístico apresenta-se como uma charada, um enigma, o que deriva da arte do autor, que assim brinca com a perspicácia do leitor. Do mesmo modo, é também para que a atenção de quem lê se não canse nem alheie que vai alternando evocações eruditas com alusões brejeiras, que faz humor à sua custa e à dos outros, quantas vezes exactamente daquele que recebe o presente ou lê o epigrama, ou que entra num jogo, tão comum na antiguidade, de ecos literários de outros autores que o leitor reconhece e entende como homenagem de *imitatio*, mas também como estabelecimento de um laço de proximidade e conivência entre gente culta que tem as mesmas leituras e idênticos gostos.

Para o leitor de hoje, estes dois livros tão peculiares assumem um outro incalculável valor: com eles espreitamos o quotidiano dos Romanos do séc. I, sabemos o que comiam e bebiam, vemos os seus móveis e utensílios domésticos, conhecemos especialidades, usos e costumes, aprendemos a origem dos alimentos que consumiam e o valor que lhes era atribuído. É quase como se nos constituíssemos convidados de mais um banquete nas Saturnais e, no fim, pudéssemos trazer connosco todos aqueles presentes. Surpreendemo-nos, ainda, com a documentação de aspectos de civilização que interessam ao estudioso da antiguidade, como a dos suportes materiais da escrita (XIV 3-11), ou conseguimos entrever linhas de abordagem sociológica tão importantes como a moda, a etiqueta, a perspectiva pela qual se encaram os escravos, os libertos, as mulheres, mas também o culto do corpo ou a gordura excessiva. Sabemos dos seus divertimentos, dos seus pequenos e grandes vícios: a par dos bobos (XIV 210) e dos anões (XIV 212), lá estão também os comediantes jovens e belos (XIV 214), os escravinhos de longos cabelos e pele macia (XIV 205), ou as sensuais dançarinas de Gades (XIV 203), que se podem levar para casa, de presente. Por fim, podemos ouvir o poeta e, com ele, avaliarmos da sabedoria que os anos trazem: muitos concordarão com Marcial quando aconselha (XIII 126) que aos herdeiros se pode deixar o dinheiro, mas nunca os perfumes nem os vinhos. Cada um de nós deve consumi-los até ao fim, sábia e deliciosamente, como a vida.

Quanto ao bloco constituído pelos livros X a XII, também aí a cronologia não acompanha a numeração. Do Livro X saíra, pouco tempo antes do assassínio de Domiciano (em Setembro de 96), uma primeira edição em que o poeta fazia o que até aí sempre fizera: adular o senhor de Roma, enaltecendo todas as glórias militares, todas as medidas sociais, todas as grandiosas construções, ao mesmo tempo que calava tudo o que pudesse revelar a tirania crescente, o clima de repressão que se adensava até se ter tornado intolerável e ter conduzido à conspiração que uns quantos próximos do imperador levaram a bom termo, assassinando-o. Ora, morto Domiciano, nada havia de mais deslocado (e perigoso!) do que permitir que se continuasse a divulgar um livro em que o execrável déspota era reconhecido como deus e senhor absoluto de todos os Romanos, seus servos. Marcial reformula, então, o livro, e é essa segunda edição que nós conhecemos, dada a lume em 98. Ela é, pois, posterior ao livro XI, publicado no início de 97, isto é, poucos meses após a ascensão de Nerva.

O próprio autor nos diz que a primeira edição desse livro fora 'apressada' (X 2, 1): nós suspeitamos do eufemismo. Marcial viu-se em situação delicada, a sua posição política anterior constitui um obstáculo a que os novos senhores de Roma o aceitem e aprovem: daí para a frente, só lhe resta o caminho da retractação. Recolhe, por isso, o livrito, reformula-o, como ele próprio veladamente confessa, deixando ficar os epigramas que não abordavam terrenos movediços e perigosos, expurgando todos os que dependiam do encómio ao último Flávio, cuja memória fora condenada, e acrescentando uns novos que o 'rejuvenesceram'. Esses novos epigramas são, decerto, todos aqueles que denigrem o passado que antes louvou e, sobretudo, os que viram os louvores na direcção de Nerva e Trajano. E não são poucos, esses poemas, embora se possa dizer que o tom da adulação é agora mais contido e que a sua percentagem, no total do livro, é inferior ao que acontecera nos livros escritos sob e para Domiciano. Os tempos, de facto, haviam mudado: era timbre dos novos imperadores, em especial de Trajano, recusar louvaminhas e demarcar-se da política autocrática que vigorara durante quinze longos e negros anos.

Sendo, pois, o Livro XI anterior ao X, e tendo sido publicado tão poucos meses após a mudança de *princeps*, é natural que nele encontremos uma presença mais marcada da condenação de Domiciano e da figura, de bonomia e consenso, do velho Nerva, em epigramas colocados de preferência, como é norma em Marcial, no início do livro. Mas também encontramos muitos vestígios de um passado bem próximo: Parténio, o assassino de Domiciano, continua poderoso, a guarda pretoriana ainda não conseguiu que Nerva assentisse em dar-lhe morte horrível. Marcial acredita que ele, permanecendo em funções junto de Nerva, lhe abrirá as portas que conduzem ao reconhecimento do valor da sua poesia por parte de quem agora manda. Por isso lhe dedica este novo livro. Ora, uma vez mais, o poeta falhou os seus cálculos. De novo ele nos surge como se toda a vida não tivesse sido mais que um *analecta* (cf. XIV 82, 2) na esfera dos poderosos.

Persistem, arreigadas, as atitudes preconceituosas a que havia aderido em tempos idos: os Judeus são vistos pelo mesmo prisma de desprezo e desconfiança que pautara toda a época dos Flávios (XI 94), os Germanos segundo a perspectiva do povo vencedor que impõe a sua superioridade e humilha os que submeteu (XI 96).

Permanecem também os amigos e os patronos: Domício Apolinar, Júlio Próculo, Aulo Pudente, Sílio Itálico, Vocónio Victor, Flaco... Mas o que predomina, aproveitando o poeta a época de liberdade que diz ter regressado a Roma, é afinal a licenciosidade, na composição de um número de poemas obscenos em percentagem muito superior à de qualquer outro livro. Isto a par de alguns dos

Introdução

epigramas mais hilariantes, pelo absurdo da caricatura, que Marcial escreveu, como o do 'Atreu das abóboras' (XI 31), ou pela ironia, como o do poeta Teodoro que, por maldade dos deuses, tinha saído quando o fogo lhe invadiu o lar (XI 93).

No Livro X, ainda que o polvilhe de epigramas laudatórios a Nerva e a Trajano e à nova ordem política, Marcial sabe que o seu lugar já não é em Roma. Tem consciência de que, por um lado, o seu mundo já não é o mesmo, mas, por outro lado, de que tudo é igual ao que sempre fora: na capital, ele, o poeta, não é mais conhecido que o cavalo Andrémon, um dos ídolos das corridas do circo (X 9), ganha miseráveis espórtulas por uma vida de humilhações e fadiga, quando os aurigas se cobrem de ouro por uma hora no circo (X 74; 76), os patronos tudo exigem e nada dão em troca, e ele está cansado das manhãs, ao frio e à chuva, a calcorrear as ruas de Roma (X 70; 82) e dos deveres, cumpridos cada vez com mais custo, que lhe tiram a paciência e lhe roubam o tempo para escrever ou, simplesmente, dormir quanto quer e precisa. Em Roma, sente que sufoca e pergunta: 'Aqui, quando sou dono do meu dia?', para logo reconhecer que 'em estéril labor, a vida se esvai' (X 58, 7-8).

E decide voltar à terra natal. Antevê, saboreia, prepara o regresso. Goza antecipadamente os prazeres simples da vida no campo, sacode quanto antes o fardo da vida de obrigações que levou em Roma, como *cliens* sem poder nem dinheiro, sempre à míngua de arrimo e de bens materiais, desforra-se até de alguns desaforos de patronos soberbos, rejubila na certeza de que os outros, os que ficam na Urbe, é que são tolos e desperdiçam o que lhes resta da vida. Lembra os amigos que não revê há trinta e quatro anos (X 13), recorda os campos, e os montes, e os rios, e os telhados das casas, e é como se a infância viesse de novo até ele. Tem saudades. Mas também sente já saudades do que vai deixar, os amigos, os lugares de passeio e lazer, a vida buliçosa mas intelectualmente estimulante 'dentro das admiráveis muralhas de Roma imperial' (X 103, 9).

Celebra pela última vez o aniversário na capital (X 24), vende a quintinha de Nomento, faz, ao novo dono desse bocado de terra que tanto amou, as últimas recomendações para poder partir em paz (X 61; 92), encarrega outro amigo de lhe ir preparando o caminho e o alojamento na Hispânia para onde vai voltar (X 104). Tem pressa de partir, tem sede de chegar ao 'aurífero Tago' e ao 'pátrio Salão'

(X 96, 3), de rever, enfim, 'a augusta Bílbilis, na sua íngreme encosta' (X 103, 1), a 'altaneira Bílbilis' (X 104, 7) que o viu nascer.

Mas os *aspera corda*, os corações hostis de que, em jeito apotropaico, falava em X 103, é que o recebem nesse regresso. A sua curiosa, embora não lucidamente entendida, premonição revela-se crua realidade: não há ninguém com uma *placida mens* para o acolher, a invejazinha e a tacanhez imperam no lugarejo onde ninguém quer saber de quem chega, muitos anos passados – já ninguém o conhece... – coberto de uma glória poética que eles não entendem ou desprezam.

O Livro XII é já escrito da Hispânia, e vem a lume em 101 ou 102, apenas em resposta ao pedido de um amigo, um dos poucos que, em tanta solidão e desconsolo, o ajuda e lhe dá ânimo. Compõe uns quantos epigramas escritos, como ele próprio diz, à pressa e contrariando a preguiça e o desalento, para agradar ao amigo. Para completar o volume, junta-lhe umas dezenas de poemas que 'tinha na gaveta', alguns dos quais com sabor aos tempos de dependência de outrora, como o que ainda fala de Parténio (XII 11), ou deixando transparecer a recente (mas talvez nunca verdadeiramente convicta) admiração por quem manda em Roma, como os de louvor a Nerva (XII 4; 5) ou a Trajano (XII 8; 9) ou a quem governa a Hispânia, onde agora está (XII 9; 98). Dessa estrutura em que o velho e o novo se juntam sem bem se harmonizarem, em que o refeito e o feito sob pressão não se fundem por completo, é que talvez nasça a sensação do leitor de que o Livro XII é, de facto, menos conseguido que os outros.

Lá estão, porém, os mesmos temas de sempre, como a chacota aos *uitia corporis*, a mulher careca (XII 6; 23), ou zarolha (XII 22; 23), ou desdentada (XII 23), os caçadores de heranças (XII 10), os beberrões (XII 12), o parasita caça-jantares (XII 82), ou os delicadinhos e homossexuais (XII 38; 42). Lá estão as caricaturas como a do Hermógenes ladrão de guardanapos (XII 28), ou a crítica ao desconcerto social (XII 29) e aos patronos egoístas e déspotas (XII 25; 27; 36; 40; 48). Lá estão ainda as descrições absurdas e irresistíveis como a dos tarecos à vista no despejo de Vacerra (XII 32). Lá está a saudade dos amigos que deixou em Roma, como Estela (XII 2), Avito (XII 24) e Júlio Marcial (XII 34). Porque a ausência e o resvalar para a sombra do esquecimento e da morte afastou todos

Introdução

os outros, como se só isso fosse vantagem na solidão, a de se saber a exacta medida de quem é realmente importante. Lá está Marcela e Terêncio Prisco, os únicos que lhe dão o mínimo de conforto e sossego, o que lhe permite enfim, e talvez apenas, dormir quanto quer.

O fim da vida estava próximo. Marcial morreu em 103 ou 104, num qualquer dia que nem sequer ficou registado. Faz, por isso, agora 1900 anos que desapareceu o maior epigramatista da literatura ocidental. A publicação deste último volume dos seus poemas é a forma que escolhemos de o celebrar nessa data. Ao leitor deixamos, também nós, um desafio. Acerque-se da obra 'com ouvido / imparcial, e não de cara estremunhada' (XIII 2, 9-10). Verá que gosta.

EPIGRAMAS
LIVRO X

LIVRO X

1
Se te pareço um livro encorpado e por demais comprido, em que o
[rabisco do fim
tarde aparece, lê poucas poesias: um livrinho apenas serei.
Repetidas vezes com um pequeno poema termina
a minha colectânea. Torna-me tão breve para ti quanto te
[aprouver.

2
Apressada na inicial, a edição do meu décimo livrinho
agora me obriga a rever a obra que das mãos se escapou.
Conhecidos são já alguns carmes que lerás, mas polidos com recente
[lima;
a maioria será nova. Leitor, a uns e outros concede o teu favor
– leitor, que és a minha riqueza. Quando Roma te deu a mim,
disse: 'Nada tenho mais precioso para te dar.
Graças a ele, escaparás às lentas águas do ingrato Letes[1]
e subsistirás na melhor parte de ti.
Aos mármores de Messala[2] fende a figueira-brava e o descarado
arrieiro ri das metades dos cavalos de Crispo;[3]
mas aos escritos, os furtos não lhes fazem mal e o tempo os favorece:
só estes monumentos não conhecem a morte.'

3
Graçolas de lacaios, sórdidos ultrajes,
e as torpes injúrias de uma língua de charlatão,
que nem por sulfurosa limalha o negociante

---
[1] V. n. a VII 47, 4.
[2] V. n. a VIII 3, 5.
[3] I. e. 'metades que restam dos cavalos de Prisco'. O arrieiro troça da estátua, que o tempo reduziu a ruína, outrora ornamento do sepulcro de Passieno Crispo, cônsul pela segunda vez em 44 a.C.

de cacos vatínios[4] quer comprar
– eis o que certo poeta cobardolas espalha
e quer que pareça meu. Acreditas nisto, Prisco?
Que um papagaio fale com voz de codorniz
e Cano[5] anseie por ser tocador de gaita de foles?
Longe de meus livrinhos esteja a negra fama,
que uma fama brilhante os transporta em brancas asas.
Para que havia eu de me esforçar por uma má reputação,
quando o silêncio nada me poderia custar?

4

Tu, que lês Édipos ou um Tiestes tenebroso,
 Cólquidas e Cilas,[6] que lês tu senão desvairos?
Que lucrarás com o rapto de Hilas, com Partenopeu e Átis,[7]
 que lucrarás com o dorminhoco Endimião[8]
ou com o menino despojado das asas que se soltam,[9]
 ou com o ódio de Hermafrodito por águas amorosas?[10]
Que prazer tiras dos vãos fingimentos de um mísero papel?[11]
 Lê isto, de que a vida pode dizer: «É meu.»
Nem Centauros, nem Górgonas e Harpias aqui
 encontrarás: a minha página tem sabor a homem.

---

[4] Parece tratar-se de taças com uma forma especial – evocando o nariz de um sapateiro de Benevento, de nome Vatínio, delator do tempo de Nero (cf. XIV 96). Quanto ao valor dos pedaços de vidro enquanto moeda de troca, v. n. a I 41, 4.

[5] V. n. a IV 5, 8.

[6] Cólquidas = Medeia (v. n. a III 58, 16). Cila traiu o pai, Niso, rei de Mégara, entregando-o a Minos, por quem se apaixonara, quando ele cercava cidade. Minos não cumpriu a promessa de se casar com ela, e castigou a traição amarrando-a à proa do seu navio, o que lhe provocou a morte por afogamento. Mas os deuses apiedaram-se dela e transformaram-na em ave, a poupa.

[7] V. n. a V 48, 5 (Hilas); IX 56, 8 (Partenopeu); II 86, 5 e V 41, 2 (Átis).

[8] Pastor que Selene (a Lua) amou. A pedido da deusa, Zeus fez com que ele dormisse um sono perpétuo, numa gruta na qual ela o visitava regularmente (períodos a que corresponderia a lua nova).

[9] Ícaro. V. n. a *Spect.* 10, 2.

[10] V. n. a VI 68, 9.

[11] Marcial rejeita, de uma assentada, um número significativo de temas mitológicos, gratos à tragédia, género que manifestamente considera longe da realidade e esgotado nos seus objectivos e interesse. Cf. IV 49; V 53; XIV 1, 11.

Mas tu não queres, Mamurra, conhecer os teus costumes
nem a ti próprio: pois lê então os *Aitia* de Calímaco.[12])

5

Todo o que desdenhe da estola ou da púrpura,[13]
que, com ímpio verso, tenha ofendido quem deve venerar,
erre pela cidade, banido até de ponte e rampa,
e, último entre os roucos pedintes,
implore bocados dum pão vil a cães destinado;
que um dezembro sem fim e um molhado inverno e uma fechada
abóbada[14] prolonguem para ele um frio danado;
que chame felizes e proclame ditosos
os que transporta a padiola de Orco.[15]
Mas quando tiverem chegado os fios da derradeira hora
e o retardado dia, sinta as disputas de cães
e, a agitar os trapos, disperse as molestas aves.
E não se lhe acabem, com a simples morte, as penas,
mas ora surrado com o chicote do severo Éaco,[16]
ora esmagado pela rocha de Sísifo sempre instável,
ora sequioso entre as águas do velho tagarela,[17]
esgote todas as histórias de poetas.
E quando a Fúria lhe mandar dizer a verdade,
que ele, traído pelo remorso, clame: «Sim, fui eu que o escrevi.»

6

Felizes aqueles a quem a urna[18] concedeu que contemplassem o
[nosso Chefe

---

[12] V. n. a IV 23, 4. Os *Aitia* explicavam a origem das lendas da mitologia.

[13] Isto é, pelas mulheres ilustres (a *stola* é veste feminina) e por senadores e magistrados (em cuja toga uma barra púrpura era marca da distinção).

[14] Tal como a 'ponte e rampa' do v. 3, é sítio onde se abrigavam os mendigos e os 'sem-abrigo' de Roma.

[15] Deus romano do mundo dos infernos, por vezes identificado a Plutão.

[16] Éaco, com Minos e Radamante, é juiz da alma dos mortos.

[17] Isto é: sofrendo castigos terríveis e eternos, como os de Sísifo (v. n. a V 80, 11) e Tântalo, 'tagarela' porque revelou os segredos dos deuses, para cuja mesa fora convidado.

[18] A sorte decidiu quem seriam os senadores que visitariam Trajano para lhe prestarem a homenagem dos Romanos, após a morte de Nerva.

a fulgir aos sóis e às estrelas arctoas![19]
Quando será o dia em que Campo[20] e árvores brilharão,
    e todas as janelas, adornadas com as mulheres do Lácio?
Quando, as doces demoras e, atrás de César, longa nuvem de pó
    e Roma apinhada ao longo da via Flamínia?[21]
Quando, ó cavaleiros e coloridos mauros em vestes do Nilo,[22]
    tornareis, e se ouvirá o povo em uníssono: «Ei-lo que chega.»?

7

Reno, pai de ninfas e ribeiras,
de quantas bebem as odrísias[23] neves,
assim sempre fruas de límpidas águas
e nem a bárbara roda do insolente
boieiro te desgaste em seu trilho;
assim, retomados teus cornos de ouro,[24]
corras, romano em ambas as margens:
que tu devolvas ao seu povo e à sua cidade
Trajano – que to pede o Tibre, o teu senhor.

8

Casar comigo é o que Paula quer; eu, casar com Paula,
    nem pensar: é velha. Quereria – fosse ela mais velha.

9

À custa de meus versos de onze pés e de onze sílabas[25]
e de meu grande humor, isento de crueza,

---

[19] O novo imperador era, na altura, legado na *Germania Superior*. V. n. a IX 84, 6.

[20] O Campo de Marte. Por todo o percurso que Trajano fará, quando voltar a Roma, haverá multidões para o ver e aclamar. Mesmo que tenham de empoleirar-se nas árvores...

[21] Por onde Trajano, naturalmente, entraria em Roma (era a via que saía da capital para norte).

[22] A escolta do imperador.

[23] V. n. a VII 8, 2. Aqui representa toda a região norte do império.

[24] Depois das derrotas que sofrera. V. n. a VII 7, 3.

[25] O dístico elegíaco (hexâmetro + pentâmetro) e o hendecassílabo falécio, metros comuns em Marcial.

sou conhecido das nações como o famoso Marcial,
e conhecido dos povos... Mas porque me invejam?
Não sou mais conhecido que o cavalo Andrémon.[26])

10

Se tu, que começas o ano com laurígeros feixes,[27]
    por mil soleiras distribuis as saudações duma manhã,
que posso eu fazer aqui? Que deixas, Paulo, para nós,
    que somos o grosso da turba dos súbditos de Numa?[28]
A quem me der atenção[29] chamarei "senhor" e "rei"?[30]
    Isto é o que tu próprio fazes – mas com quanto mais charme!
Seguirei uma liteira ou uma cadeirinha?[31] Mas tu não recusas
                                  [transportá-la,
e disputas a primazia a abrir caminho pela lama.
A miúdo me erguerei para aplaudir o recitante?[32] Tu ficas de pé
    e juntas estendes ambas as mãos para o seu rosto.
Que fará o pobre que não pode ser cliente?
    A vossa púrpura suplantou as nossas togas.

11

Não falas senão de Teseu e de Pirítoo
    e cuidas que és, Caliodoro, um outro Pílades.[33]
Raios me partam, se és digno de levar
    o penico a Pílades ou de cevar os porcos de Pirítoo.

---

[26] Famoso cavalo do auriga Flávio Escorpo. V. n. a IV 67, 5.

[27] Trata-se, pois, de um cônsul. Mas também ele não deixa de se submeter (com os incómodos e os benefícios daí decorrentes) ao dever da *salutatio* matinal (v. n. a I 55, 6; II 18, 6 e 8).

[28] O segundo rei de Roma. V. n. a III 62, 2.

[29] Seguimos as lições de Shackleton Bailey (1990: 318 e 1993: 332) que lêem ...*respiciat*..., em detrimento do ...*respiciet*... das de Izaac (1961: 79) e de Norcio (1980: 620). *N.T.*

[30] Sobre a forma de tratamento dos patronos (*dominus et rex*), cf. I 112, 1; II 68, 2, 5, 7; IV 83, 5.

[31] V. n. a II 74, 1.

[32] V. n. a I 63, 2.

[33] Sobre Teseu e Pirítoo, e Orestes e Pílades, símbolos da mais profunda amizade, v. n. a VI 11, 1 e VII 24, 4.

«Mas dei», dizes tu, «a um amigo cinco mil sestércios
   e uma toga lavada, no máximo, três ou quatro vezes.»
E daí? Não sabes que Pílades nunca deu nada a Orestes?[34]
Quanto mais se dá, mais ainda é o que se recusa dar.

12

Tu buscas a gente da via Emília[35]
   e Vercelas de Apolo[36] e os campos do Pó, rio de Faetonte.[37]
Eu morra, se te não deixo, Domício, partir de bom grado,
   ainda que dia algum me seja agradável sem ti.
Mas as saudades de ti valem a pena, se, por um simples verão,
   descansares o pescoço, irritado do urbano jugo.
Vai, por quem és, e deixa teus ávidos poros absorver todo o sol.
   Como serás formoso, enquanto estiveres fora!
E, no regresso, não te conhecerão teus alvos amigos
   e invejará a pálida turba as tuas faces.
Mas a cor que a viagem te deu, em breve Roma ta roubará,
   mesmo que regresses de tez negra como um nilíaco.

13 (20)

Se me conduz o celtibero Salão[38] às auríferas plagas,
   se me apraz rever os pátrios telhados pendentes na encosta,
és tu, Mânio, dilecto para mim desde verdes anos
   e amigo que cultivei desde os tempos da pretexta,[39]
és tu o responsável: ninguém, em solo ibérico,
   é mais afável e mais digno de verdadeira afeição.
Contigo eu podia apreciar a hospitalidade das gétulas[40]
   choupanas da árida Cartago e das cabanas dos Citas.

---

[34] Seguimos as lições de Shackleton Bailey (1990: 319 e 1993: 334) que lêem ...*Pylades donauit Orestae?*, em detrimento das de Izaac (1961: 79) e de Norcio (1980: 622), ...*Pyladi donauit Orestes? N.T.*

[35] V. n. a III 4, 2.

[36] Consagrada a Apolo, a cidade (hoje 'Vercelli') situava-se na Gália Cisalpina.

[37] Sobre Faetonte, que se despenhou no rio Pó, v. n. a III 67, 5 e IV 25, 2.

[38] Afluente do rio Ebro, hoje Jalón. V. n. a I 49, 12 e IV 55, 15.

[39] Desde os tempos da infância, quando ambos usavam ainda a toga pretexta, com uma barra púrpura, que os jovens envergavam até ao momento de entrarem na idade adulta, altura em que passavam a usar a *toga uirilis*, totalmente branca.

[40] A Getúlia era uma região da *África*, a sul da Numídia.

Se o mesmo sentes, se é recíproco para comigo o teu carinho,
    Roma será em qualquer sítio onde ambos estivermos.

14 (13)
Embora um carro cheio de assentos transporte teus besuntados
                                                    [favoritos
    e em longa nuvem de pó sue teu líbio cavaleiro,
e a púrpura de teus ataviados leitos se não limite apenas a uma
                                                [casa em Baias,
    e Tétis[41] empalideça, untada de teus perfumes,
e as taças de setino[42] façam estalar seus lúcidos cristais,
    e nem Vénus durma em pena de melhor qualidade:
contudo passas as noites estendido no limiar de uma altiva rameira
    e uma surda porta, ai! está banhada das tuas lágrimas,
e não cessam os suspiros de queimar teu infeliz coração.
    Queres que te diga qual é o teu mal, Cota? É o teu bem.

15 (14)
Dizes que não ficas atrás de nenhum dos meus amigos.
    Mas, para o comprovares, diz-me lá, Crispo, que é que fazes?
Queria que me emprestasses cinco mil: negaste-mos,
    embora a tua pesada arca esteja a abarrotar de dinheiro.
Quando me deste um moio de favas ou de trigo,
    embora um nilíaco colono lavre os teus campos?
Quando me enviaste uma toga, curta que fosse, no frio tempo de
                                                      [inverno?
    Quando vi eu chegar meia libra de prata?
Nada mais vejo que me faça ter-te por amigo
    senão os traques que, diante de mim, Crispo, costumas dar.

16 (15)
Bom dote tinha a esposa a quem Apro trespassou com aguçada
                                                       [seta
    o coração. Mas foi no jogo: Apro é experto a jogar...

---

[41] Tétis está aqui por 'mar', dado que era uma ninfa marinha (v. n. a *Spect.* 30, 8). Quanto a Baias, estância termal de luxo e perdição na Campânia, v. n. a I 59, 1 e I 62, 3.

[42] Sobre este vinho da região do Lácio, v. n. a IV 64, 34.

17 (16)

Se chamas doar ao prometer e não ao dar, Gaio,
  vou-te vencer com meus presentes e dádivas.
Aceita tudo quanto o Ásture extrai do calaico solo;
  quanto ouro têm as águas do rico Tago,[43]
quanto o negro Indo encontra nas algas eritreias,[44]
  quanto em seu ninho conserva uma ave sem-par,[45]
quanto a ávida Tiro encerra no caldeirão de Agenor:[46]
  todos os tesouros que há no mundo, aceita-os – como tu os dás.

18 (17)

Defraudar Macro do seu tributo das Saturnais[47]
  é um vão desejo, Musa: não podes; ele próprio o exige.
Reclama os costumeiros chistes e não tristes poemas
  e lamenta que as minhas bagatelas tenham emudecido.
Mas agora só tem tempo para longos pareceres de agrimensores.
  Ápia, que será de ti, se Macro[48] se põe a ler os meus poemas?

19 (18)

Mário não convida para jantar, nem envia presentes,
  nem afiança, nem quer emprestar, nem tem.
Gente contudo não falta que cultive tão estéril amizade.
  Ai! como são imbecis, Roma, as tuas togas!

20 (19)

Este livrinho, não muito douto e pouco
sisudo, mas, mesmo assim, nada grosseiro,
leva-o, Talia minha,[49] ao eloquente

---

[43] Sobre a riqueza da actual Galiza, v. n. a IV 39, 7. A *Gallaecia* estendia-se das Astúrias ao Douro. O *Tagus*, de auríferas águas, é o rio Tejo.

[44] As pérolas do mar Vermelho.

[45] A fénix. V. n. a VI 55, 2, sobre as plantas aromáticas com que fazia o ninho.

[46] Rei de Tiro, na Fenícia, onde se produzia a púrpura com que se tingiam os mais ricos tecidos.

[47] V. n. a II 85, 2.

[48] Macro seria *curator uiae Appiae*, i.e., teria como cargo a manutenção dessa via: funções que sem dúvida descuraria se se pusesse a ler os poemas de Marcial.

[49] V. n. a III 68, 6.

Livro X

Plínio:[50] breve é o esforço de superar
a íngreme vereda através da Suburra.[51]
Aí logo verás um Orfeu
chapiscado a dominar seu teatro de água,
e as admiráveis feras e a ave real,
que levou o raptado Frígio ao Tonante;[52]
aí a pequena casa de teu Pedão[53]
tem insculpida uma águia de menor envergadura.
Mas vê lá se, toldado pelo vinho, não bates,
a destempo, a esta eloquente porta.
Ele dedica os dias inteiros à exigente Minerva,
a preparar, para os ouvidos dos centúnviros,[54]
o que as gerações vindouras vão poder
comparar até aos livros do Arpinate.[55]
Mais seguro é chegar com as tardias lucernas.[56]
Esta é a tua hora, quando delira Lieu,
quando reina a rosa, quando se humedecem os cabelos:
então, até os austeros Catões seriam capazes de me ler.[57]

---

[50] Plínio-o-Moço. V. n. a V 80, 7. Plínio cita (*Ep.* III 21) parte deste epigrama na carta em que refere a morte de Marcial.

[51] Sobre este fervilhante bairro de Roma, v. n. a II 17, 1.

[52] A águia que arrebatou Ganimedes, por quem Júpiter se apaixonara. V. V 55 e n. a I 6, 1; IX 36, 2.

[53] Albinovano Pedão, autor de epigramas e modelo de Marcial. V. n. 2 a I *praef.*

[54] O tribunal dos centúnviros (que, nesta época, contava, não 100, mas 180 membros) ocupava-se de questões civis, como heranças e direito de propriedade.

[55] Plínio desejava equiparar-se a Cícero, que venerava como modelo de eloquência. Marcial, porém, enganou-se na previsão, pois os discursos de Plínio perderam-se, excepto aquele que pronunciou (e depois retocou para publicação) em louvor de Trajano, no ano 100, quando assumiu o consulado, e que é conhecido pelo nome de *Panegírico de Trajano*.

[56] V. n. a III 93, 14.

[57] Isto é: à hora em que corre o vinho (Lieu é epíteto de Dioniso / Baco: v. n. a IX 61, 15), quando os convivas põem coroas de rosas sobre a cabeça e perfumam os cabelos, por exemplo com nardo (cf. II 59, 3; III 65, 8; XIII 51). Nesse momento de distensão, mesmo Catão Censor e Catão de Útica (v. n. a V 51, 5 e n. 5 a I *praef.* e 8, 1) seriam mais tolerantes para com a musa brejeira do poeta.

21

Escrever o que custa ao próprio Modesto e a Clarano[58]
   entender – que prazer, pergunto, Sexto, te pode dar?
Não é um leitor, mas um Apolo que requerem teus livros.[59]
   Em tua opinião, Cina foi maior que Marão.[60]
Pois que em tais condições sejam louvados os teus poemas: os meus,
[Sexto,
   agradem aos gramáticos, mesmo sem a ajuda dos gramáticos.

22

Porque apareço muitas vezes com um emplastro no mento
ou com os meus saudáveis lábios pintados de branco alvaiade'[61]
Filénis, queres saber? É que beijar-te é coisa que não quero.

23

Já conta o feliz António Primo quinze
   olimpíadas[62] volvidas em sua tranquila vida
e olha para os passados dias e os vividos anos,
   e não teme as águas do Letes,[63] agora mais próximas.
Não há dia de que se arrependa e que pese na sua memória;
   não houve dia que ele preferisse não lembrar.
O homem de bem prolonga a sua vida. Isto é
   viver duas vezes: poder fruir da vida passada.

24

Ó calendas de Março em que nasci,
dia mais belo de todas as calendas,

---

[58] Gramáticos, comentadores de textos literários menos acessíveis ao comum dos leitores.

[59] Apolo, deus dos oráculos, é o único que conseguirá interpretar os escritos deste Sexto.

[60] Hélvio Cina, autor do epílio *Zmyrna* (para uns de soberba erudição, para outros perfeitamente obscuro), seria, na opinião de Sexto, superior a Vergílio (v. n. a I 61, 1).

[61] Carbonato de zinco, usado com fins medicinais.

[62] Marco António Primo (v. n. a IX 99, 1) completa 75 anos (v. n. a IV 45, 4 para a duração de 'olimpíada').

[63] V. n. a VII 47, 4.

em que até as moças me enviam presentes,[64]
pela quinquagésima sétima vez coloco,
sobre os vossos altares, bolos e este incensário.
A estes anos – mas só se tal voto me for útil –
ajuntem, por favor, duas vezes nove anos,
para que, ainda sem o cansaço de uma excessiva idade,
mas com os três arcos do curso da vida completos,[65]
eu possa demandar os bosques da elísia moça.[66]
Além desta vida de Nestor,[67] nem mais um dia pedirei.

25
Se este Múcio, que há pouco viste nas manhãs
de uma arena a pôr a sua mão no lume,[68]
te parece resistente, duro e forte,
tens o miolo da plebe de Abdera.[69]
De facto, quando se diz ao condenado, diante da túnica molesta,[70]
«Queima a tua mão», maior feito é responder: «Não queimo.»

26
Varo, há pouco conhecido por teu lácio ramo de vide nas cidades
paretónias e chefe memorando para teus cem soldados,[71]

---

[64] Nas calendas de Março (dia 1), dia de aniversário do poeta (v. n. a IX 52, 3), celebravam-se as Matronais, festa em que eram as mulheres a receber presentes (v. n. a V 84, 11).

[65] As três etapas da vida: juventude, idade adulta e velhice. Marcial deseja atingir, por isso, os 75 anos. Voto que não se cumpriu, pois morreu cinco a seis anos após a edição deste livro.

[66] Prosérpina. V. n. a I 93, 2 e III 43, 3.

[67] V. n. a II 64, 3.

[68] Trata-se de um condenado a 'representar' o papel de Múcio Cévola (v. n. a I 21, 1 e VIII 30, 2).

[69] Os naturais de Abdera, cidade da Trácia, tinham (juntamente com as gentes da Beócia) fama de impenetrável estupidez, de que nem o facto de aí terem nascido Demócrito e o sofista Protágoras os livrou.

[70] A expressão latina é *tunica... molesta*, que não tem equivalência em português e que, por isso, procuramos decalcar na tradução portuguesa *N.T.* V. n. a IV 86, 8.

[71] Epicédio pela morte de Varo, centurião no Egipto (onde ficava a cidade de Paretónia). O ramo de vide é insígnia da sua função militar e símbolo do poder de Roma (que fica no Lácio...).

eis que, prometido em vão ao ausónio Quirino,[72]
  agora jazes, sombra estrangeira, em lageia plaga.[73]
Não pude banhar de lágrimas a tua regelada face,
  nem espesso incenso ajuntar à tua triste pira.
Mas meu imortal poema dá-te um nome eterno.
  Acaso, Nilo enganador, até esta homenagem me podes recusar?

27

No teu aniversário, Diodoro, como teu conviva se reclina
  o senado e poucos são os cavaleiros que não convidas.
A tua espórtula desbarata trinta sestércios por cliente.
  Mas ninguém, Diodoro, se lembra de que tu nasceste.[74]

28

Pai magnífico dos anos e do luminoso universo,
  o primeiro que invocam as preces e os votos públicos,[75]
antes habitavas uma morada exígua, ponto de passagem
  por onde Roma em peso trilhava o seu caminho.
Agora teus limiares enchem-se das dádivas de César
  e contas tantos foros, Jano, quantas são as caras.[76]

---

[72] Varo estava prestes a regressar a Roma. Quirino era uma antiga divindade sabina, depois incorporada na tríade romana de Júpiter, Marte e Quirino. Foi identificado com Rómulo deificado. V. n. a VII 6, 2.

[73] O Egipto é a terra dos Lágidas, cognome da dinastia dos Ptolemeus.

[74] A expressão *non natus esse* 'não ter nascido' equivale a chamar a alguém um pobre diabo, que não tem onde cair morto.

[75] Trata-se da cerimónia da *uotorum nuncupatio*, realizada no princípio de Janeiro, o mês consagrado a Jano. V. n. a VIII 4, 2.

[76] O templo a *Ianus Geminus* (de duas faces) ficava no Foro Romano, local devassado pelos muitos que aí passavam (vv. 3-4). Domiciano fez erigir um novo templo a Jano, *Quadrifrons* (com quatro faces), localizado no novo *forum* que mandou abrir (*Forum Transitorium*, depois dito *Forum Neruae*, pois só no tempo desse imperador foi concluído e consagrado). Às quatro faces de Jano correspondiam os quatro foros: *Forum Romanum*; *Forum Iulii*; *Forum Augusti* e o recente *Forum Transitorium*, para onde abriam as quatro portas do templo. O poema é, assim, dos que sobreviveram à autocensura que Marcial, após o assassínio de Domiciano, exerceu sobre a 1ª edição do Livro X.

Mas tu, pai venerando, grato por tamanha oferenda,
   guarda tuas férreas portas fechadas com aldraba sempre
                                                  [posta.[77]

29

A bandeja que me enviavas em tempo de Saturnais,[78]
   enviaste-a, Sextiliano, à tua amada;
e a roupa de jantar verde que lhe davas pelas calendas,
   ditas de Marte,[79] foi comprada com dinheiro da minha toga.
Agora as moças começam a ficar-te de graça:
   fodes, Sextiliano, à custa de meus presentes.

30

Ó costa amena da aprazível Fórmias,
é a ti que, quando foge da cidade do brutal Marte
e se despe do cansaço de perturbantes cuidados,
Apolinar[80] prefere a todos os lugares.
Nem à doce Tíbur da sua casta esposa,
nem à solidão de Túsculo ou do Álgido,
nem a Preneste ou Âncio ele assim aprecia;
nem a sedutora Circe ou a dárdana Caieta[81]
lhe despertam saudades, nem Marica nem Líris,[82]
nem Sálmacis banhada por lucrinas[83] águas.[84]
Aqui uma suave brisa afaga a superfície de Tétis;[85]

---

[77] As portas do templo de Jano só se abriam em tempo de guerra.

[78] V. n. a II 85, 2.

[79] O dia 1 de Março, celebração dos *Matronalia*. V. n. a V 84, 11. A roupa de jantar é a *synthesis*. Cf. XIV 142.

[80] Domício Apolinar. V. n. a IV 86, 3.

[81] Sobre Circeios e Caieta, v. n. 6 e 7 a V 1, 5. Recorde-se que Circe era uma feiticeira junto de quem Ulisses passou maravilhosos momentos.

[82] Marica é uma ninfa latina, a quem foram consagrados um templo e um bosque perto de Minturnas, cidade do Lácio, na foz do rio Líris.

[83] A história de Sálmacis e Hermafrodito (v. n. a VI 68, 9) passou-se, segundo Marcial, no lago Lucrino (v. n. a I 62, 3).

[84] Marcial enumera alguns lugares de eleição, estâncias de veraneio às quais, todavia, Apolinar prefere Fórmias, para descansar do bulício e do clima insuportável do Verão em Roma (a cidade de Marte, v. 2).

[85] O mar, como em X 14 (13), 4. Também Nereu (v. 19) representa o mar.

e não está parada a água, mas uma viva calma do mar,
com o vento de feição, transporta o pintado barco;
tal como o saudável frescor que vem do purpúreo leque
que a rapariga, avessa ao verão, abanou.
Não procura a linha, em alto mar, a sua presa,
mas o peixe, toscado do alto, puxa
o fio, lançado do quarto e até do leito.[86]
Todas as vezes que Nereu sente o poder de Éolo,
a mesa, segura das suas provisões, zomba das tormentas:
o viveiro cria rodovalho e percas nascidas em casa,
nada, ao encontro do senhor, a saborosa moreia,
o nomenclador[87] chama o mugem seu conhecido
e, convidados a comparecer, avançam velhos ruivos.
Mas quando o deixas, Roma, fruir de tudo isto?
Quantos formianos dias concede o ano
a quem está preso aos negócios da cidade?
Ó porteiros e caseiros afortunados!
Para os senhores se preparam estas delícias, mas a vocês as servem.

31

Vendeste ontem um escravo por mil e duzentos sestércios
    para jantares bem, Caliodoro, uma única vez.
Mas bem não jantaste tu: o ruivo de quatro libras que
    compraras foi a pompa e o prato principal do teu jantar.
Apetece gritar: «Isto não é um peixe, não,
    meu desgraçado, é um homem: é um homem, Caliodoro, que tu
                                            [comes.»

32

Esta pintura que enfeito com violetas e rosas,
    perguntas, Cediciano, que semblante reproduz?
Assim era Marco António Primo[88] no auge
    da vida: nesta face o velho revê a sua juventude.

---

[86] O cúmulo do requinte, como outras fontes da época registam.

[87] O *nomenclator* era o escravo encarregado de designar os clientes pelo seu nome próprio, quando estes visitavam o patrono. Aqui, é quem chama os peixes dos viveiros pelos seus nomes.

[88] V. n. a IX 99, 1 e X 23.

Oxalá a arte pudesse reproduzir o seu carácter e a sua alma!
Não haveria, no mundo, quadro algum mais belo.

33

Mais singelo, Munácio Galo, que os antigos Sabinos,
 tu superas, em bondade, o velho cecrópio.[89]
Assim a casta Vénus te conceda manter, por uma inextinguível
 tocha nupcial de tua filha, os ilustres penates de teu compadre,[90]
em paga de, se acaso a malvada inveja disser
 que versos tingidos de verdete são meus,
tu os arredares de mim, como fazes, e afirmares
 que ninguém que seja lido escreve tais poemas.
Esta regra, sabem observá-la os meus epigramas:
 poupar as pessoas, divulgar os vícios.

34

Que os deuses te concedam, César Trajano, tudo o que mereces
 e queiram que seus presentes sejam válidos para sempre.
Tu que restituis seus direitos ao esbulhado patrono[91]
 – ele não será um exilado para os seus próprios libertos –,
és digno de poder conservar todo o povo qual teu cliente,[92]
 basta que te seja lícito fazê-lo – e podes provar a verdade da
  [minha afirmação.

---

[89] De Atenas, já que Cécrops foi, diz o mito, o 1º rei dessa cidade. O 'velho' será Epicuro ou Sócrates. Sobre os Sabinos enquanto exemplo de pureza de costumes, v. n. a I 62, 1.

[90] O que Marcial deseja é que, com o casamento (indissolúvel) da filha, Munácio mantenha a ligação com a família do genro, obviamente ilustre e influente. A 'tocha' apela para a cerimónia do casamento, em particular o momento em que a noiva, à luz de archotes acesos no lume da casa da sua família de origem, era conduzida em cortejo até casa do noivo. Sobre os penates, v. n. a I 70, 11.

[91] Trajano determinou que os patronos regressados do exílio recuperassem os seus direitos sobre os que eram seus libertos.

[92] Sigo as lições de Shackleton Bailey (1990: 328 e 1993: 356) que lêem: *dignus es ut populum possis seruare clientem*, em detrimento das de Izaac (1961: 88) e de Norcio (1980: 636): *dignus es ut possis tutum seruare clientem*. N.T.

35

Leiam Sulpícia[93] todas as bem-amadas
que desejem agradar a um só homem;
leiam Sulpícia todos os maridos
que desejem agradar a uma só esposa.
Esta não reclama a loucura da Cólquida[94]
nem relata o festim do bárbaro Tiestes;
e Cila, Bíblis,[95] não crê que tenham existido
– mas fala de castos e puros amores,
de divertidos caprichos e brinquedos.
Quem apreciar com justiça os seus versos
dirá que poetisa alguma é mais maliciosa,
dirá que poetisa alguma é mais virtuosa.
Tais seriam, eu posso imaginar, os folguedos
de Egéria na húmida gruta de Numa.[96]
Fora esta tua colega ou tua professora,
e terias sido mais douta, permanecendo casta, Safo;
mas, se tivesse visto, a um tempo e a par contigo,
Sulpícia, tê-la-ia amado o inflexível Fáon.[97]
Em vão: porque esta, nem como esposa de Tonante[98]
nem como amante de Baco nem de Apolo,[99]
quereria viver, se Caleno lhe tivesse sido arrebatado.

---

[93] Sulpícia, poetisa de controversa identificação, autora, pelo que se deduz do epigrama, de poesia marcada pela contenção moral. Marcial celebra, em X 38, os quinze anos de casamento perfeito de Sulpícia e Caleno (v. 21).

[94] Entenda-se o desvario de Medeia, que matou os próprios filhos para castigar a traição de Jasão (v. n. a III 58, 16). Sobre Tiestes (v. 6), v. n. a III 45, 1.

[95] Sobre Cila, v. n. a X 4, 2. Bíblis apaixonou-se pelo próprio irmão, que fugiu, horrorizado. Enlouquecida pela dor e prestes a pôr termo à vida precipitando--se de um rochedo, causou piedade às ninfas, que a transformaram em fonte inesgotável, como as suas lágrimas.

[96] Sobre os laços entre a ninfa Egéria e o rei Numa Pompílio, v. n. a VI 47, 3.

[97] Conta a lenda que Safo se apaixonou pelo jovem e belo Fáon, que a rejeitou, o que a levou ao suicídio.

[98] Juno, mulher de Júpiter. V. n. a V 55, 1.

[99] Por exemplo Ariadne, que Dioniso raptou, quando a viu abandonada por Teseu, em Naxos; ou uma das muitas ninfas, musas e simples mortais que Apolo amou.

36

Tudo o que armazenam as fumosas adegas marotas de Massília,[100]
    todo o tonel que ao lume deve a idade,
de ti, Muna, provém: tu envias a teus pobres amigos,
    por mar, por longos cursos, venenos cruéis,
e a não baixo custo, mas a um que satisfaria o jarro
    de falerno ou do sécia, caro às suas adegas.
Porque há tanto tempo já não vens a Roma?
    – Esta cuido ser a razão: para não beberes os teus vinhos.

37

Zeloso observador do direito e das mais justas leis,
    que governas, com verídicas palavras, o Foro Latino,
queres, Materno,[101] que este teu patrício e velho amigo
    te dê algum recado para os lados do calaico oceano?
Ou cuidas que é melhor apanhar, em laurentinas
    plagas, sujas rãs ou finas enguias
do que restituir, às suas rochas, todo o ruivo capturado
    que te parecer inferior a três libras?
Queres jantar, como prato principal, uma desenxabida amêijoa,
    e os crustáceos, que de liso tegumento cobre a concha pequena
em vez das ostras que não invejam os moluscos de Baias[102]
    e que os escravos, sem a proibição do senhor, devoram?
Aqui, com alarido, impelirás para as redes a fedorenta raposa
    e a sórdida presa morderá os teus cães;
lá, a custo recém-retiradas da piscosa fundura,
    as húmidas redes estorvarão as minhas lebres.
Enquanto falo, eis que volta o pescador de cesto vazio,
    o caçador aí está, orgulhoso de seu capturado texugo.

---

[100] Os vinhos de Massília (hoje 'Marselha') eram de má qualidade, ao contrário dos referidos no v. 6. V. n. a III 82, 23; I 18, 2 e 6; X 14 (13), 5; XIII 123; XIV 118.

[101] Jurisconsulto, compatriota de Marcial, de identificação controversa. Talvez se trate do mesmo destinatário de I 96 e II 74. O poeta dirige-se-lhe num momento em que prepara o seu regresso à terra natal e em que Materno se encontra na sua *uilla* de Laurento (cf. v. 5), junto ao mar Tirreno.

[102] Cf. n. a X 14 (13), 5 e XIII 82.

Do mercado da cidade sai todo o jantar para a tua casa de praia.
Queres que te dê algum recado para os lados do calaico oceano?

38

Ó carinhosos quinze anos de casamento
que, com tua Sulpícia, Caleno,
um deus te concedeu que completasses!
Ó noites, ó horas, todas marcadas
por caras pedrinhas de indianas plagas![103]
Ó que combates, que mútuos pleitos,
o vosso feliz leito e a lucerna presenciaram,
ébrios dos orvalhos nicerotianos![104]
Viveste, ó Caleno, três lustros.
Este é o único passado que vale para ti
e só contas os dias de casado.
Destes, se, perante o teu incansável rogo,
Átropo te devolvesse um dia apenas,
quatro vezes o preferirias à velhice pília.[105]

39

Porque juras, Lésbia, que nasceste no consulado de Bruto?
 Estás a mentir. Nasceste, Lésbia, no reinado de Numa?
Mas assim também mentes. De facto, a crer nas gerações que
 [citas,[106]
 passas por seres moldada no prometeico barro.[107]

---

[103] Assinalando os dias (e as noites!) felizes. Cf. VIII 45, 2; IX 52, 5; XI 36, 1-2; XII 34, 5-7.

[104] Níceros era um perfumista afamado (cf. VI 55, 3).

[105] Nestor (v. n. a II 64, 3) era rei de Pilos. Átropo é uma das três Parcas, a que fia o fio da vida. V. n. a I 88, 9.

[106] Há quem considere (Shackleton Bailey 1993: 363) *saecula* um acusativo e *narrant* uma forma de exprimir o sujeito indeterminado. A tradução seria então: «Como se relata(m) os teus séculos» ou «Segundo os diversos relatos sobre a tua idade.....» *N.T.*

[107] Essa é que é, segundo Marcial, a verdade quanto à data de nascimento de Lésbia: ela pertence à primeira geração humana, a que Prometeu moldou em barro. É, pois, mentira, que tenha nascido no tempo do rei Numa (o 2º de Roma) e muito menos no ano em que Bruto foi cônsul, isto é, 509 a.C., o ano em que a monarquia deu lugar à república, em Roma... Cf. X 67.

40

Sempre me garantiam que a minha
Póla estava fechada com um efeminado.
Apareci de repente, Lupo. Não era um efeminado.

41

No mês novo de Jano,[108] Proculeia, teu velho marido
    deixas e mandas que fique com todos os seus bens.[109]
Que foi, por favor, que foi que aconteceu? Porquê esta brusca
                                              [antipatia?
    Nada me respondes? Vou-to dizer eu próprio: ele era pretor.
A púrpura dos Megalenses ia custar cem
    mil, por mais baratos que desses os ditos jogos,
e as plebeias festas[110] levariam mais vinte mil.
    Isto não é divórcio, Proculeia: é uma pechincha.

42

Tão incerta é tua lanugem, tão leve que o hálito,
    o sol e uma ténue brisa a desgastam.
Escondem-se em lã parecida os marmelos a amadurecer,
    e, dela despojados por polegar de donzela, brilham.
Sempre que, com mais força, te aplico cinco beijos,
    fico barbudo, Díndimo, à custa dos teus lábios.

43

Sétima é já, Fíleros, a esposa que enterras no teu campo.
    A ninguém rende mais seu campo, Fíleros, do que a ti.

---

[108] Em Janeiro, quando os novos magistrados assumiam funções. O marido de Proculeia, como pretor, teria a responsabilidade de organizar jogos, que cada vez eram mais grandiosos e para os quais as verbas oficiais eram insuficientes, pelo que os magistrados acabavam por entrar com grandes somas do seu próprio património. Neste caso, Proculeia antevê que nem o seu dote escapará, e, por isso, pede o divórcio.

[109] É a fórmula do divórcio (*res tuas tibi habeto*): o cônjuge que o desejava informava o outro, oralmente, por escrito ou por um mensageiro, de que devia recolher os seus bens pessoais e abandonar o domicílio comum. Desde o séc. I a.C. que as mulheres podiam tomar a iniciativa de se separarem.

[110] Os *ludi Megalenses* (v. 5), em honra da deusa Cíbele, celebravam-se em Abril e os *ludi plebei* em Novembro.

44

Quinto Ovídio, que vais visitar os Bretões da Caledónia,
　a verde Tétis e o pai Oceano,
então deixas as colinas de Numa e o nomentano
　lazer e nem campo nem lar retêm tua velhice?[111]
Tu adias os prazeres; mas Átropo não adia
　os fios,[112] e todas as horas se registam na tua conta.
Terás provado a um caro amigo – quem te não louvaria por isto? –
　que preferes à própria vida o cumprimento das promessas.
Mas regressa enfim – para ficar – aos teus Sabinos,
　e conta-te a ti próprio entre as tuas amizades.

45

Se algo suave e doce dizem meus livrinhos,
　se algo elogioso a minha página lisonjeira entoa,
tudo isto te parece espesso e preferes roer uma costeleta,
　quando te ofereço lombo de um javali de Laurento.
Bebe vaticano,[113] se gostas de vinagre:
　a minha bilha não convém ao teu estômago.

46

Impecável, Máton, queres que seja todo o teu dizer. Pois fala,
　às vezes, bem. Fala assim assim. E fala, às vezes, mal.

47

Estes são, caríssimo Marcial,[114] os bens
que tornam a vida mais feliz:
uma fortuna obtida não por trabalho, mas por herança;
um campo não estéril, uma lareira sempre acesa;
processos, nunca, a toga, raramente; a paz de espírito;

---

[111] Quinto Ovídio (cf. I 105; VII 44; 45; 93) era vizinho de Marcial em Nomento, amenas paragens que trocou pelo clima agreste da Escócia, para dar cumprimento à promessa que fizera a um amigo. Nomento ficava na Sabina, onde se dizia que nascera o rei Numa.

[112] V. n. a X 38, 14.

[113] Autêntica zurrapa. I 18, 2; VI 92, 3; XII 48, 14.

[114] Júlio Marcial, querido amigo do poeta. Cf. I 15; III 5; IV 64; V 20; VI 1; VII 17; IX 97; XII 34.

Livro X

um vigor de nascença, um corpo saudável;
uma prudente lisura, amigos de igual condição;
uma convivência fácil, uma mesa sem artifício;
um serão não ébrio, mas livre de cuidados;
um leito nupcial não austero, e contudo honrado;
um sono que torne breves as trevas;
querer ser o que se é, sem outra coisa preferir;
o derradeiro dia não temer nem desejar.

48

Anunciam os seus sacerdotes a oitava hora à fária novilha,[115]
   e, de dardo em punho, uma coorte já regressa e outra lhe
                                                     [sucede.[116]
Esta hora tempera os banhos quentes, a anterior exala demasiado
   vapor, e a sexta aquece ao máximo nas termas de Nero.[117]
Estela, Nepos, Cânio, Cereal, Flaco,[118] vêm ou não?
O sigma[119] leva sete, somos seis, ajunta Lupo.
A caseira trouxe-me umas malvas para purgar
   o ventre e outros recursos do meu horto,
entre as quais a alface remansada e o aparado alho-porro,[120]
   e nem falta hortelã que faz arrotar nem a erva rinchoa.

---

[115] Io foi metamorfoseada em vaca por Júpiter, que se apaixonou por ela e a queria proteger de Juno. Mas a deusa apercebeu-se e castigou-a com a loucura. Io percorreu à toa grande parte do mundo, até que chegou ao Egipto (v. n. a III 66,1), onde recuperou a primitiva forma. Depois de morrer, foi deificada como Ísis, deusa objecto de culto, muito divulgado nesta época, em Roma. Os seus sacerdotes fechavam as portas do templo que lhe era dedicado na referida hora oitava.

[116] O render da guarda pretoriana que garantia a segurança do palácio do imperador.

[117] V. n. a II 48, 8.

[118] Amigos próximos de Marcial, todos eles com interesses literários: Arrúncio Estela (v. n. a I 7, 1), Nepos (VI 27), Cânio Rufo (v. n. a I 61, 9), Júlio Cereal (cf. XI 52), Flaco (I 61, 4; 76, 2), Lupo.

[119] Leito semicircular, onde os convivas se colocavam para comer, em torno da mesa onde se punham os alimentos. Para 'banquetes' semelhantes a este, v. V 78; XI 52.

[120] De caule cortado, entenda-se. O alho-porro, ao qual se cortava o caule, além de *tonsile*, ainda se designava de *sectile* ou *sectiuum*, ao passo que aquele ao qual se permitia que crescessem bulbos no topo da haste se chamava *capitatum*. N.T.

Ovos cortados vão coroar cavalas a saber à arruda
e haverá tetas de porca em salmoura de atum.
Aqui estão as entradas. O meu jantarinho constará de um único
[prato:
um cabrito roubado aos dentes de um lobo feroz,
e costeletas que dispensem o ferro do trinchador
e as favas de artesãos e brócolos temporãos.
A isto se ajuntarão o frango e o presunto que já subsistiu a três
jantares. Aos convivas, quando saciados, darei maduros frutos,
vinho sem borra em nomentana bilha,
que, no consulado de Frontino,[121] tinha duas vezes três anos.
Seguir-se-ão jogos sem fel e uma desenvoltura que, de manhã,
não compromete e nada que desejasses não ter dito.
Que meu conviva fale dos verdes e de Escorpo[122];
que meus copos não façam de ninguém um réu.[123]

49
Embora bebas copázios de ametista
e te encharques de negro opimiano,
dás a beber sabino há pouco guardado[124]
e dizes-me, Cota: «Quere-lo em taças ouro?»
Mas há quem queira vinhos de chumbo em ouro?

---

[121] Sexto Júlio Frontino, cônsul pela segunda vez em 98, autor de uma obra sobre arte militar (*Strategemata*), outra sobre os aquedutos e o abastecimento de água a Roma, e uma terceira sobre agrimensura.

[122] Sigo a lição de Shackleton Bailey (1990: 335) e (1993: 370) que apresenta, no v. 23, de *prasino conuiua meus **Scorpoque** loquatur*, em detrimento das de Izaac (1961: 94) e de Norcio (1980: 646) que, no mesmo verso, lêem *de prasino conuiua meus **uenetoque** loquatur*, «Deixa meu conviva falar dos Verdes e dos Azuis.» *N.T.*

[123] Marcial evoca uma situação que no tempo de Domiciano devia ser vulgar: qualquer conversa podia ser interpretada como oposição ao senhor de Roma e, por via dos delatores omnipresentes, valer sérios dissabores a quem nela interviera. Os convivas de Marcial discutirão apenas as corridas do circo (como acontece, hoje em dia, com o futebol...), tema anódino que a ninguém faz correr riscos. Sobre as cores das facções do circo, v. n. a VI 46, 1; sobre o auriga Escorpo, cf. X 50 e 53 e n. a IV 67, 5.

[124] Mais um patrono que bebe bons néctares, que o tempo apurou (v. n. a I 26, 8), mas serve vinhos novos e intragáveis aos seus clientes.

Livro X

50

Quebre a triste Vitória as palmas da Idumeia.[125]
Bate, Favor, no peito nu com mão cruel.[126]
Que a Honra vista o luto, e tu, Glória entristecida, envia,
 como oferenda às iníquas chamas, tua coroada cabeleira.
Ai, que crime! Fraudado, Escorpo, da tua primeira juventude,[127]
 sucumbes e bem depressa vais aos negros cavalos atrelar-te.
De teu carro sempre ao vertiginoso alcance e à justa contornada,
 – porque esteve, também da tua vida, tão perto esta meta?

51

Já o touro de Tiro[128] vê atrás de si as estrelas do anho
 de Frixo[129] e o inverno fugiu, pois é a vez de Castor;[130]
sorri o campo, reveste-se o solo, reveste-se também a árvore,
 a amásia ática chora seu ismárico Ítis.[131]
Que dias, Faustino, que admirável Ravena, Roma te
 roubou![132] Ó sóis, ó repouso, vestido só de túnica![133]

---

[125] Neste epicédio pela morte do auriga Flávio Escorpo (cf. IV 67, 5; V 25, 10; X 74; XI 1, 15-16), cabe em primeiro lugar à personificação da Vitória evidenciar o seu pesar, quebrando as palmas que ele recebeu como símbolo das inúmeras corridas em que se sagrou vencedor. A Idumeia (a sul da Judeia) era famosa pelos seus palmares.
[126] Sinal de luto e aflição, comum em cerimónias fúnebres. Aqui é o Favor (das multidões que o idolatravam) que o manifesta.
[127] Morreu aos 27 anos (cf. X 53, 3).
[128] Para levar consigo Europa (que era oriunda de Tiro), por quem se apaixonara, Zeus / Júpiter transformou-se num touro.
[129] Sobre o mito de Hele e Frixo, v. n. a VI 3, 6 e VIII 28, 19.
[130] Castor, um dos Dioscuros, alterna com o outro, Pólux, no céu (v. n. a I 36, 2). Portanto: seguindo a sucessão zodiacal, já passou 'Carneiro' e 'Touro', em breve será o tempo de 'Gémeos'. Está-se, pois, em plena Primavera.
[131] Sobre Ítis, filho de Procne e Tereu, e Filomela, v. n. a I 53, 9 e IV 49, 4. Ísmaro é um monte da Trácia, donde Ítis era oriundo.
[132] Não há consenso a propósito do v. 5: Izaac (1961: 95 e 278) lê *Quos, Faustine, dies, quales tibi Roma, Rauennas*, considera que Ravena pode ser o nome da *uilla* de Faustino, mas traduz *Rauennas* como um *cognomen* de Faustino: «Quelles journées, Faustinus Ravennas, quelles belles journées Rome t'a dérobées.» Norcio (1980: 648) apresenta uma solução que me parece razoável: que *Rauennam* se refere à *uilla* de Faustino e substitui *quales* por *qualem* que concorda com

Ó bosque, ó fontes e firme plaga de húmida
   areia e Ânxur, esplêndida em marinhas águas,
e o leito que não contempla um só tipo de onda,
   já que, de um lado, vê popas no rio, e, do outro, no mar!
Mas não há ali qualquer teatro de Marcelo ou de Pompeio,
   nem as triplas termas, nem os quatro foros juntos,[134]
nem o mais grandioso santuário do capitolino Tonante[135]
   ou o templo que reluz bem perto do céu que lhe pertence.[136]
Quantas vezes, creio eu, dizes com ar cansado a Quirino:[137]
   «O que é teu, conserva-o; o que é meu, devolve-mo.»

52

Quando viu de toga o eunuco de Télis,
Numa disse que era uma adúltera a cumprir a sua pena.[138]

53

O famoso Escorpo eu sou, glória do ruidoso circo,
   teu aplauso, Roma, e teu fugaz enlevo,
que a invejosa Láquesis roubou no termo do nono triénio,
   porquanto, ao contar minhas palmas,[139] me tomou por velho.

Rauennam: *Quos, Faustine, dies, qualem tibi Roma Rauennam*. Shackleton Bailey (1990: 336 e 1993: 372), baseado no pressuposto de que não é comum encontrar *uillae* designadas por nomes como *Rauenna*, apresenta *quos, Faustine, dies, quales tibi Roma †Rauennam†*, e não traduz *Rauennam* (1993: 373): «Faustinus, what days, What * has Rome taken from you?» Seguimos a lição de Norcio. *N.T.*

[133] Isto é, sem que Faustino (cf. I 25) tivesse de envergar a incómoda toga das ocupações oficiais.

[134] Os lugares de passeio e distracção: os dois principais teatros de Roma, as termas de Agripa, Nero e Tito, os quatro *fora* (v. X 28, 6).

[135] V. n. a V 55, 1. É o templo a Júpiter no Capitólio, reconstruído por Domiciano.

[136] Deve tratar-se do templo em honra da *gens Flauia*. V. n. 14 e 15 a VI 4, 3.

[137] Roma. V. n. a X 26, 3.

[138] Cf. II 39, sobre essa pena atribuída às mulheres adúlteras.

[139] O epitáfio poético de Escorpo (cf. X 50) alude às mais de duas mil vitórias que ele obteve nas corridas. Sobre Láquesis (v. 3), a Parca que corta o fio da vida, v. n. a I 88, 9.

54

Boas mesas, Olo, tu serves, mas tapadas as serves.[140]
É ridículo: assim, até eu posso ter das boas.

55

Sempre que Marula pesou um erecto
pénis em seus dedos e por longo tempo o mediu,
sabe dizer as libras, os escrópulos e as sextinhas[141].
E, concluídas a tarefa e as suas lutas,
quando o dito pende qual mole correia,
Marula sabe dizer quanto ele fica mais leve.
Mas esta não é mão... é uma balança!

56

Mandas, Galo, que eu te sirva a toda a hora
e que três e quatro vezes palmilhe o teu Aventino.[142]
Ora Cascélio arranca ou chumba um dente cariado;
   tu queimas, Higino, os pêlos que afectam a vista;
Fânio não corta, mas recupera uma supurante úvula,
   Eros apaga as infames marcas das frontes;[143]
Hermes passa por ser o Podalírio[144] das hérnias...
   Mas diz-me lá, Galo: quem há que cure os tipos estafados?

57

De prata era a libra que me enviavas; tornou-se meia-libra,
   mas de pimenta. Tão cara não compro, Sexto, tal pimenta!

---

[140] Nas mesas não se usavam 'toalhas', quando se queria deixar à vista a riqueza do material ou do trabalho. Neste caso, Marcial insinua que só um parolo as pode cobrir, com medo de as estragar.

[141] *Sextula* é um diminutivo de *sexta* e corresponde à sexta parte da onça. *N.T.*

[142] Cf. XII 18, 3.

[143] A palavra latina é *saxorum* que, por metáfora, consideramos equivalente a *frontium* (*seruorum*) *N.T.* Tratar-se-ia das marcas a ferro em brasa com que se castigavam os escravos fugitivos ou ladrões e que, uma vez conquistada a alforria, eles procuravam fazer desaparecer.

[144] Filho de Asclépio / Esculápio, médico entre os Gregos, durante o cerco de Tróia.

58

Os calmos retiros da marítima Ânxur, Frontino,[145]
   e, aqui mais perto,[146] Baias e sua casa de praia,
e o bosque que, com o ferver de Câncer, as incómodas
   cigarras não conhecem, e o lago fluvial,
– enquanto os frequentei, tinha vagar para celebrar contigo as doutas
   Piérides;[147] agora a gigantesca Roma nos sufoca.
Aqui, quando sou dono do meu dia? Lançam-me para este alto mar
   da cidade, e, em estéril labor, a vida se esvai,
enquanto sustento as duras jeiras de um suburbano campo
   e uma casa que é tua vizinha, ó venerável Quirino.[148]
Mas não quer bem apenas quem, dia e noite, frequenta
   os limiares, nem tal desbarato convém a um poeta.
Pelos sagrados ritos das Musas, para mim venerandos, por todos
   os deuses juro: mesmo sem devoção de cliente, eu quero-te bem.

59

Se uma página se gastou com um único epigrama, passa-la,
   e são os mais breves – não os melhores – que te agradam.
Servem-te um jantar de luxo, fornecido
   por todos os mercados, mas só os acepipes te sorriem.
Não preciso de um leitor demasiado guloso:
   quero um que, sem pão, não fique saciado.

60

Pediu a César o direito dos três alunos,[149]
   Muna, sempre habituado a ensinar dois.

---

[145] V. n. a X 48, 20.

[146] De Roma, entenda-se.

[147] As Musas, cujo culto tivera origem na Piéria (na encosta norte do Olimpo), de onde passou para o monte Hélicon.

[148] A casa de Marcial, em Roma, ficava no Quirinal (onde havia um templo a Rómulo: Quirino depois da apoteose, v. n. a X 26, 3). Para descansar, o 'cantinho' de Nomento (cf., *e.g.*, VI 43).

[149] Jogo com o *ius trium liberorum*, o 'direito dos três filhos' (v. n. a II 91, 6). Muna é um professor sem alunos...

Livro X

61

Aqui repousa Erócion, prematura sombra,
   que, por crime do destino, o sexto inverno amortalhou.[150]
Tu, quem quer que sejas, que, depois de mim, fores dono deste
                                                           [torrão,
   dá, aos seus pequenos manes, o devido tributo.
Assim se não apague teu lar, assim tua família esteja a salvo e o
                                                           [único
   motivo de choro seja em teu campo esta pedra.

62

Mestre-escola, poupa esta inocente turba:
assim te ouçam assíduos jovens cabeludos
e te estime o grupo recostado à delicada mesa;
nenhum mestre de contas, nenhum estenógrafo
veloz seja rodeado por maior círculo.
Luminosos dias aquecem sob o flamejante Leão
e, em brasa, julho recoze a tostada messe.
O cítico coiro, com hórridas correias na ponta,[151]
com que foi açoutado Mársias de Celenas,[152]
as férulas tristes, ceptros dos pedagogos,[153]
cessem e durmam até aos idos de outubro.[154]
No verão, se estiverem de saúde, os meninos aprendem o suficiente.

63

O mármore que lês é, na verdade, pequeno mas nem por isso se
                                                             [dirá inferior,

---

[150] Sobre a escravinha que o poeta tanto chorou, v. V 34 e 37.

[151] O azorrague, feito de couro vindo da Cítia (região ao norte da Europa e da Ásia), castigo das faltas mais graves.

[152] Mársias era um Sátiro que desafiou Apolo para um concurso musical, que o deus aceitou com a condição de que o vencedor pudesse escolher o castigo do vencido. Como é óbvio, o deus ganhou a contenda, pelo que, depois de o chicotear, esfolou Mársias vivo. Celenas é uma cidade da Frígia, onde se situa esta lenda.

[153] Cf. XIV 80, 1.

[154] As férias da escola (e dos castigos corporais a que os alunos eram submetidos...) estendiam-se de Julho a meados de Outubro (nesse mês, os Idos caíam no dia 15).

viandante, às pedras de Mausolo e às pirâmides.[155]
Duas vezes foi minha vida aprovada no romano Tarento[156]
e nenhum desaire sofreu antes da pira derradeira.
Deu-me Juno[157] cinco rapazes, e outras tantas raparigas:
todas as suas mãos cerraram os meus olhos.
Coube-me uma glória rara do meu leito conjugal e foi
apenas um membro o que meu pudor conheceu.[158]

64
Se contactares, Póla,[159] minha protectora, com meus livrinhos,
não recebas, de sobrolho franzido, os meus gracejos.
O teu famoso vate, glória do nosso Hélicon,
quando ele cantava as guerras cruéis com piérica tuba,[160]
não se pejou contudo de dizer em libertino verso:
«Se nem sequer sou enrabado, Cota, que faço eu aqui?»[161]

65
Se te gabas de ser concidadão dos Coríntios,[162]
Carmenião, quando ninguém to nega,
porque me chamas "irmão", nascido que fui

---

[155] Duas das sete maravilhas do mundo. V. n. a *Spect.* 1, 5.

[156] A *matrona* evocada neste epitáfio poético assistiu por duas vezes aos *ludi Saeculares*, situação absolutamente excepcional, pois eles só se realizavam a intervalos de 100 a 110 anos, marcando a passagem de mais um século sobre a fundação de Roma. Acontece, porém, que o imperador Cláudio os celebrou em 47, tomando como referência a data dessa fundação, e Domiciano os realizou em 88, fazendo a contagem relativamente aos *ludi Saeculares* que Augusto celebrara em 16 a.C. para marcar o início de uma nova era (a da paz e concórdia que ele trouxera a Roma). V. n. IV 1, 7 e 8.

[157] Protectora das mulheres casadas e do nascimento das crianças.

[158] Louvor da mulher *uniuira*, casada uma única vez, em consonância com os padrões morais romanos.

[159] A viúva do poeta Lucano (cf. VII 21; 22; 23).

[160] Cf. X 58, 6. 'Hélicon', monte da Beócia e morada das Musas, está por 'poesia' (v. n. a I 76, 9), enquanto a 'tuba' simboliza a poesia épica. Recorde-se que Lucano escreveu o poema *Bellum Ciuile* (mais conhecido por *Pharsalia*), sobre a guerra civil entre César e Pompeio. Cf. XIV 194.

[161] Do que nos resta da obra de Lucano não consta nenhum verso como este.

[162] Não concordo com a interpretação de Shackleton Bailey (1993: 383 n. e) que, baseado na comparação entre o uso do termo *Corinthiorum* neste passo e em 9.57.2, precisamente onde o contexto nos obriga a subentender *aerum*, conclui que

de Iberos e Celtas, e sempre um cidadão do Tago?[163]
É no aspecto, se calhar, que somos parecidos?
Tu circulas, a brilhar, de cabeleira ondeada:
eu tenho a grenha teimosa dos Hispanos.
Tu, lisinho do depilatório quotidiano:
eu, peludo nas pernas e nas ventas.
A voz tens balbuciante e a tua língua é fraca:
a mim, apenas Sília me bate a falar.[164]
Tão diversos não são a pomba e a águia
nem a gazela fugitiva e o leão brutal.
Por isso, pára lá de me chamares irmão,
não vá eu, Carmenião, chamar-te... maninha!

66
Quem foi tão duro, pergunto, quem tão descarado
    que quis, Teopompo, que te tornasses cozinheiro?
Alguém ousa macular esta cara com uma negra
    cozinha? Quem suja, com fogo de unto, estes cabelos?
Quem, melhor que tu, segurará os cíatos ou os cristais?
    Que mão misturará o falerno[165] de modo a saber melhor?
Se este é o destino que espera tão divinos escanções,
    então que Júpiter use Ganimedes como seu cozinheiro.[166]

---

o termo aqui é neutro e se refere aos "bronzes". O problema é que, do ponto de vista métrico, não há qualquer diferença entre a forma masculina e a neutra e, mesmo que o tradutor tenha em mente a costumeira concisão de Marcial, o certo é que este livro até denota algum cansaço e tendência para longas composições. A interpretação parece-nos abusiva. *N.T.* Corinto era, na antiguidade, sinónimo de vida dissoluta, e os seus cidadãos considerados efeminados e apegados ao luxo.

[163] V. n. a X 17 (16), 4.

[164] Izaac (1961: 100) e Norcio (1980: 656-7) lêem *nobis ilia fortius loquentur* e traduzem respectivamente por «mon abdomen parlera au besoin avec plus de vigueur» e por «i miei fianchi invece gridano con forza». Shackleton Bailey (1990: 340 e 1993: 384-5) lê *nobis æfiliæ fortius loquetur* e traduz por «only Silia will speak bolder than I», embora admita a possibilidade de se tratar de outro nome de mulher, como "Pilia". A semelhança entre o *f* e o *s* na grafia antiga, pode, de algum modo, justificar a primeira opção do autor. Quanto ao sentido, a opção de Shackleton Bailey parece-nos mais natural. *N.T.*

[165] Cf. X 36, 1.

[166] V. n. a I 6, 1.

67

Filha de Pirra,[167] madrasta de Nestor,
que Níobe,[168] ainda moça, viu de cabelos brancos,
a quem Laertes, já velho, chamou avó,
Príamo ama, Tiestes sogra,
depois de ter sobrevivido a todas as gralhas,[169]
colocada enfim neste sepulcro com o calvo
Melântion, Plúcia arde ainda de desejo.

68

Embora não tenhas uma casa em Éfeso ou Rodes
   ou Mitilene, Lélia, mas na rua dos Patrícios,[170]
e tua mãe, que nunca se pintou, descenda dos crestados Etruscos,
   teu duro pai venha da região de Arícia,
com *mon seigneur, mon miel, mon âme*[171] sempre me
                                                    [bombardeias.
– Tem vergonha, ó concidadã de Hersília e de Egéria.[172]
Ouça estas expressões o íntimo leito, mas nem todo,
   só o que uma amante preparou para o lascivo amante.
Queres saber, casta matrona, como falar?
   Que é mais sedutor que o menear das ancas?[173]

---

[167] Logo, pertencente à geração criada por Deucalião e Pirra, após o dilúvio.
[168] V. n. a V 53, 2.
[169] Pensava-se que as gralhas viviam entre cinco a nove vezes o tempo da vida humana. A alusão termina, assim, uma lista de referências a personagens míticas, algumas delas paradigma de vetusta idade – como Nestor, Laertes, pai de Ulisses, ou Príamo, rei de Tróia (v. n. a II 64, 3) – todas elas, porém, mais novas que Plúcia... Cf. X 39.
[170] Bem no centro da capital! Arícia (v. 4), de onde o pai desta 'preciosa ridícula' viera, ficava no Lácio, 25 km a SE de Roma.
[171] As expressões gregas do original κύριέ μου, μέλι μου, ψυχή μου, podem traduzir-se por «meu senhor, meu mel, minha alma». *N.T.*
[172] Hersília era a mulher de Rómulo, e Egéria, a de Numa Pompílio, 2º rei de Roma (v. n. a X 35, 14).
[173] Izaac (1961: 101) e Norcio (1980: 658) apresentam *numquid, cum crisas, blandior esse potes?*; Shackleton Bailey (1990: 342) e (1993: 386), *numquid, quae crisat, blandior esse potest?*, que o autor traduz por «Could a waggle-bottom be more blandishing?» Seguimos as lições dos dois primeiros editores. *N.T.*

Tu podes aprender e reproduzir Corinto inteira,
   que jamais serás, Lélia, uma autêntica Laís.[174]

69
Mandas guardar, Póla, o teu marido, mas guardas para ti não admites.
   Chama-se a isto, Póla, tomar por esposa um marido.

70
Lá porque a custo um livro publico por ano,
   sou a teus olhos, douto Potito, réu de malandrice.
Mas mais justa seria a tua surpresa por ainda sair um,
   quando muitas vezes se me escapam dias inteiros.
Ainda às escuras, vou ver amigos que não retribuem a minha
      [saudação,[175]
   e dou os parabéns a muita gente, quando a mim, Potito, ninguém
      [os dá.
Ora meu sinete firma no templo da lucífera Diana,
   ora me rouba para si a hora primeira, ora a quinta.[176]
Ora é um cônsul ou um pretor que me retêm, e os que o reconduzem
      [a casa;
   muitas vezes, amargo um poeta todo o santo dia.
E nem a um advogado se pode sem castigo dizer que não,
   nem se é um retor ou um gramático a chamar-te.
À décima hora, exausto, procuro os banhos e meus cem
   quadrantes.[177] Quando, Potito, se fará um livro?

71
Todo o que deseje para seus pais uma feliz e tardia
   morte, aprecia a breve inscrição deste mármore:

---

[174] É o nome de uma das mais célebres cortesãs de Corinto, no séc. V a.C., embora haja notícia de outras famosas meretrizes homónimas. Por isso tornou-se um dos 'nomes de guerra' habituais das profissionais do amor. Cf. XI 104, 22.

[175] A *salutatio* matinal: v. n. a I 55, 6; II 18, 6.

[176] Cf. IV 8, 1 e 3.

[177] Um quadrante, que era um quarto do asse, equivalia a três onças. Neste caso, o montante é de trezentas onças. *N.T.* Trata-se da *sportula* miserável que a tão penosa vida de cliente lhe rendia. V. n. a III 7, 1.

'Neste solo enterrou Rabírio[178] as suas caras sombras;
  não há velhos que repousem com mais luminosa sorte:
doze foram os lustros nupciais que uma doce e última noite encerrou,
  arderam os dois corpos em uma única pira.'
Mas Rabírio ainda os chora, como se deles fora privado no verdor
[da infância.
  Nada mais injusto que estas lágrimas.

72

Em vão, Lisonjas,[179] vindes até mim,
pobres criaturas com vossos gastos beicinhos:
Não hei-de dizer "nosso senhor e deus".
Já não há lugar nesta cidade para vós.
Ide para longe, para os Partos que trazem turbante
e, servis e rasteiras e súplices,
beijai as solas de reis de roupas pintalgadas.
Não há aqui um senhor, mas um chefe supremo,
mas um senador, justo entre todos,
que, da estígia morada, reconduziu
a rústica Verdade de cabelos isentos de perfumes.
Sob este príncipe, Roma, se és sensata,
guarda-te de falar a linguagem de outrora.

73

A carta de um eloquente amigo trouxe-me um grato
  penhor,[180] Severo: o presente de uma ausónia toga,
que não Fabrício, mas Apício teria querido usar;
  tê-la-ia querido Mecenas, o cavaleiro de César.[181]

---

[178] O arquitecto que construiu o Palácio de Domiciano (v. n. a VII 56, 1).

[179] As Lisonjas (*Blanditiae*) simbolizam aqui toda a adulação e subserviência a que Domiciano obrigara os Romanos: com Trajano elas não são já, nem necessárias, nem bem recebidas. Do mesmo modo, também não há já que chamar *dominus et deus* (v. n. a V 8, 1) ao senhor de Roma (v. 3), como era dever para com o desaparecido tirano.

[180] Da sua amizade. *N.T.*

[181] O *gourmet* Apício (v. n. a II 69, 3) e Mecenas (que pertencia à classe equestre e fora o amigo mais próximo de Augusto; v. n. a I 107, 4) eram exemplo de requinte e luxo.

Em menor conta eu a tivera, se outro a tivesse enviado.
Não é sacrificada por qualquer mão que a vítima aplaca os
[deuses.
Da tua parte me chega: se eu não pudesse, Marco, gostar
do teu presente, poderia gostar do meu nome.
Mas melhores que o presente e mais gratos que o próprio nome
são a atenção e o parecer favorável de um letrado.

74
Poupa enfim, Roma, o teu exausto cumprimentador,
o teu exausto cliente. Por quanto tempo, como saudador,
entre batedores de séquito e reles clientes,
terei de ganhar cem cobres num dia inteiro,[182]
quando, ao vencer, Escorpo aufere numa hora
quinze pesados sacos de ouro ainda rebrilhantes[183]?
Não que eu queira como prémio por meus
livrinhos – que merecem eles afinal? – os campos da Apúlia;
não me atrai o Hibla,[184] nem o Nilo coroado de espigas,
nem a delicada uva que, do alto
de secina encosta, contempla os pântanos pontinos.
Queres então saber o que mais almejo? Dormir.

75
Vinte mil, outrora, Gala me pediu
  e, confesso, seu preço não era muito alto.
Um ano passou: «Dez mil me darás,» disse-me ela.
  Pareceu-me que ela pedia mais que dantes.
Seis meses depois, quando ela já me pedia dois mil,
  eu dava-lhe mil. Não quis aceitar.
Tinham passado talvez duas ou três calendas:
  foi ela que, de livre vontade, me pediu quatro moedas de ouro.

---

[182] Todos os pesados deveres do *cliens*, tão mal pagos com a miserável espórtula. V. n. a I 55, 6; II 18, 6; 74, 1.

[183] Da cunhagem. O epigrama é, obviamente, anterior à morte do auriga Escorpo (cf. X 50; 53).

[184] A Apúlia era célebre pela lã dos seus rebanhos, e o Hibla, montanha da Sicília, pelo mel das suas abelhas (cf. II 46, 1 e 6; XIII 105).

Não lhas dei. Mandou-me enviar-lhe cem sestércios,
    mas até esta soma me pareceu excessiva.
Uma magra espórtula me chegou de cem quadrantes;
    ela a quis: respondi que a tinha dado ao meu rapaz.
Acaso foi capaz de descer mais baixo? Foi.
    Dá-se de graça, de livre vontade se dá a mim Gala: e eu recuso.

76
Mas é uma situação, Fortuna, que te parece justa?
Um cidadão que não vem da Síria ou da Pártia,
nem cavaleiro oriundo de estrados capadócios,[185]
mas um nascido em casa, da plebe de Remo e de Numa,[186]
um afável, honesto, fiel amigo,
conhecedor de ambas as línguas,[187] cujo único
defeito – bem grande por sinal – é o ser poeta,
este Mévio – dizia – tirita em negra capa,
enquanto de púrpura refulge o cocheiro Incitato.[188]

77
Nada pior, Máximo, alguma vez Caro praticou
    que ter perecido de febre: praticou também ela um crime.
Cruel, maligna febre, podias ao menos ter sido quartã!
    Ele devia ter-se mantido vivo para o seu médico.[189]

78
Vais partir, Macro,[190] para a costeira Salona.
Vai partir uma rara lealdade e um amor pelo bem
e uma autoridade que, quando acompanhada

---

[185] Alude aos escravos que se vendiam nos estrados (*catastae*: v. n. a VI 29, 1), mas que, depois de libertos, ascendiam à ordem equestre.

[186] Remo, o gémeo do primeiro rei de Roma, Rómulo. Numa foi o segundo. V. n. a III 62, 2; VI 47, 3.

[187] O latim e o grego.

[188] Mais um auriga, como Escorpo (cf. X 74, 5-6), que recolhe favor e amontoa riqueza, enquanto os poetas vivem miseravelmente.

[189] Para que este calma e dolorosamente o matasse. *N.T.*

[190] Parece tratar-se do mesmo Macro de X 18, agora prestes a assumir novas funções como legado imperial na Dalmácia (onde ficava a cidade de Salona).

da honra, sempre regressa mais pobre.
Ó feliz colono do aurífero solo,
que restituis o governador de mãos a abanar,
e implorarás que ele se detenha, e, à sua partida,
com chorosa alegria, Dálmata, o escoltas.
Quanto a mim, Macro, com saudades de ti,
rumarei aos Celtas e aos indomáveis Iberos.
Mas quando dali for trazida,
escrita com a cana do piscoso Tago,[191]
qualquer página minha nomeará Macro.
Assim eu seja lido entre os antigos poetas,
e a mim não prefiras muitos dos anteriores,
antes seja, para ti, menor apenas que Catulo.

79

Ao quarto marco miliário, tem Torquato um palácio;
    ao quarto, Otacílio comprou um pequeno campo.
Torquato construiu, de variegados mármores, umas grandiosas
    termas; Otacílio fez uma banheira.
Plantou Torquato um bosque de loureiros no seu campo;
    cem castanheiros plantou Otacílio.
No consulado de Torquato, o outro foi regedor do bairro,
    nem se sentiu inferior em tão elevado cargo.
Como o grande boi que, uma vez, fez rebentar uma pequena rã,[192]
    assim – cuido eu – Torquato rebentará Otacílio.

80

Chora Eros, sempre que examina os copos de mosqueada
    murra ou os escravos ou uma mesa de tuia mais requintada,
e suspiros arranca do fundo do peito por não
    comprar – coitado – os Septa inteiros e os levar para casa.[193]
Quantos fazem como Eros, mas de olhos enxutos!
    A maior parte ri de suas lágrimas e no coração as guarda.

---

[191] V. n. a X 17 (16), 4.
[192] Alusão à fábula (Fedro I 24) da rã que, por inveja do tamanho do boi, foi inchando e inchando com o ar que engolia, até que rebentou.
[193] Cf. IX 59.

81

Chegaram, pela manhã, dois tipos para foder Fílis
e cada qual queria tê-la nua primeiro.
Prometeu Fílis dar-se a ambos ao mesmo tempo;
e deu: um levantou-lhe o pé, o outro, a túnica.

82

Se meu sofrimento algo rende aos teus negócios,
    logo pela manhã ou até desde a meia-noite vestirei a toga
e amargarei o silvante sopro do adverso aquilão
    e sofrerei as chuvadas e apanharei as neves.[194]
Mas se te não tornas um quadrante mais rico
    com meus gemidos e a cruz de um homem livre,
evita, eu te suplico, o meu cansaço e alivia-me destes vãos trabalhos,
    que a ti não aproveitam e a mim, Galo, prejudicam.

83

Juntas daqui e dali teus ralos cabelos
e cobres, Marino, de tuas cabeludas fontes,
o vasto campo da luzidia calva.
Mas, agitados ao sabor do vento, tornam
e ficam entregues a si próprios e cingem a nua
cabeça, de um lado e de outro, de grandes tufos.
Entre Espendóforo e Telésforo
cuidarias estar o Hérmeros do Cidas. [195]
Não queres ser mais franco e confessar-te velho,
para pareceres enfim apenas um?
Nada é mais feio que um calvo guedelhudo.

84

Perguntas-te porque não vai dormir Afro?
    Bem podes ver, Cediciano, com que mulher está à mesa.

---

[194] No cumprimento do dever da *salutatio*. V. n. a I 55, 6; II 18, 6.

[195] Passo de interpretação difícil. Espendóforo e Telésforo poderão ser os dois escravos, jovens e belos (e, por isso, de basta cabeleira), referidos em IX 56 e XI 26; 58. Hérmeros do Cidas seria uma estátua? Um conhecido careca? Sobre o tema, cf. V 49.

85

Já velho, Ládon, timoneiro de um barco no Tibre,
  comprou um campo junto ao seu dilecto rio.
Muitas vezes instável, porém, o Tibre alagava-o na torrente
  das suas águas e rompia pelas searas em lago invernal.
Ao seu reformado barco, que estava parado num alto banco,
  Ládon encheu-o de pedras e pô-lo a enfrentar as águas.
Assim desviou as águas inundantes. Quem o poderia crer?
  Um barco afundado acudiu ao seu senhor.

86

Ninguém assim se inflamou de paixão por uma nova amante
  quanto Lauro ardeu de amor pela sua bola.
Mas ele que, na flor da idade, era o melhor jogador,
  agora, depois que desistiu de jogar, é a melhor das bolas.[196]

87

Vamos, que a devota Roma festeje
as calendas de outubro do eloquente Restituto;
favoreçam-no com todas as vossas vozes e votos.
Festejamos seus anos: calem-se, processos.
Ao largo o círio de um cliente pobre,
e as ociosas tríplices[197] e os pequeninos guardanapos
esperem pelos brinquedos do gélido dezembro.[198]
Que porfiem os mais ricos com seus presentes.
Que o inchado lojista de Agripa
traga as lacernas conterrâneas de Cadmo;[199]
que o acusado de murros e de cardina

---

[196] Trocadilho difícil de traduzir: *pila* (v. 4) é a bola com que se jogava; *prima pila* é o boneco de palha que, no anfiteatro, se atirava aos animais para lhes excitar o ardor na luta (v. n. a *Spect.* 11, 4; 22, 2), e que, é evidente, ficava feito em bocados. Lauro, velho e acabado, é um pobre diabo que ninguém considera.

[197] Tabuinhas de três folhas. V. n. a XIV 6.

[198] Os presentes insignificantes de clientes pobretanas, nas Saturnais (v. n. a II 85, 2).

[199] Já vimos que nos Septa (cuja construção foi concluída por Agripa em 26 a.C.) havia uma espécie de bazar ou 'centro comercial' onde se compravam as mais variadas (e dispendiosas) mercadorias (cf. IX 59 e X 80), como as lacernas tingidas de púrpura de Tiro (cf. X 17 (16), 7 e n. a II 43, 7).

nocturna envie trajos de mesa[200] ao advogado.
Uma difamada rapariga venceu seu marido em tribunal,
que lhe entregue verdadeiras sardónicas, mas em mãos;
que o velho admirador de antiguidades
lhe ofereça um cinzelado do buril de Fídias;
que o caçador lhe traga uma lebre, o feitor
um cabrito, o pescador as presas dos mares.
Se cada um envia as suas coisas, que
esperas, Restituto, que um poeta te possa enviar?

88
Escreves, Cota, todos os decretos dos pretores;
   e recebes até as tabuinhas enceradas. És um homem deveras
                                                  [serviçal.[201]

89
Esta Juno, tua obra, Policleto, e feliz glória
   que as mãos de Fídias desejariam ter criado,
brilha com tal expressão que teria superado, no Ida,
   sem hesitação do juiz, as demais deusas reunidas.[202]

---

[200] V. n. a II 46, 4 e XIV 136.

[201] A interpretação deste epigrama é algo controversa: Shackleton Bailey (1993: 405), baseado em *OLD*, parte do pressuposto de que *persequeris* significa, neste contexto, 'take down at dictation' e de que a conjunção copulativa *et* do segundo verso tem um valor muito próximo da adversativa, para concluir que a graça do epigrama está no facto de Cota escrever muitos documentos de pretores e apenas receber, em troca, tabuinhas de cera, uma espécie de blocos de notas. Izaac (1961: 109) e Norcio (1980: 671) traduzem, respectivamente, *persequeris* por 'Tu cours... après' e por 'Tu osservi', e a copulativa *et* por 'aussi' e 'anche'. Com base num escólio de Gronóvio a Cícero, *Pro Roscio Amerino* 1.2, Izaac (1961: 281) cuida que este epigrama tem por alvo o tipo do advogado que se desdobra em pequenos serviços junto dos pretores para angariar causas. A interpretação de Shackleton Bailey parece mais coerente. *N.T.*

[202] As lições de Izaac (1961: 109) e de Norcio (1980: 672) lêem, no v. 4, *iudice conuictas non dubitante deas*, que os dois tradutores vertem por «Les autres déesses, condamnées par un juge sans hésitation» e por «le dee / che.... furono condannate da un giudice ben deciso» respectivamente. Seguimos, no entanto, as lições de Shackleton Bailey (1990: 350) e (1993: 406) que apresentam *iudice coniunctas non dubitante deas*, que o autor traduz por «her fellow-goddesses... – the judge would not have hesitated». *N.T.* O juiz é, como se sabe, Páris, que deu o 'prémio de beleza' a Afrodite / Vénus, e não a Hera / Juno nem a Atena / Minerva.

Não amasse seu irmão, Policleto, a sua Juno,[203]
bem podia este irmão amar a tua.

90
Porque depilas, Ligeia, a tua cona velha?
Porque irritas as cinzas de teu sepulcro?
Tais donaires convêm às raparigas;
mas tu já nem por velha podes passar.
Essa atitude, acredita em mim, Ligeia, fica
bem, não à mãe de Heitor, mas à esposa.[204]
Enganas-te, se cuidas que esta é uma cona,
já que o vergalho deixou de lhe ligar.
Por isso, Ligeia, se tens algum pudor, não
te ponhas a arrancar a barba a um leão já morto.

91
Nem com todos os seus eunucos Almão o endireita;
  e lamenta-se de a sua Póla não dar à luz... nada de nada.

92
Márrio, cultor e companheiro de uma tranquila vida,
cidadão que enche de orgulho a antiga Atina,
a ti recomendo estes pinheiros gémeos, honra
de um inculto bosque sagrado, e estas azinheiras dos Faunos
e, erguidos pela mão meio hábil de meu caseiro,
os altares de Tonante e do hirsuto Silvano,[205]
que o sangue de um cordeiro ou de um cabrito muitas vezes tingiu,
e a deusa virgem, senhora de um sagrado templo[206]
e Marte, que vês como hóspede de sua casta
irmã, senhor das minhas calendas,[207]

---

[203] Filhos de Saturno, Júpiter e Juno eram irmãos, além de esposos.

[204] Hécuba e Andrómaca, respectivamente. V. n. a III 76, 4.

[205] Divindade latina dos bosques. Quanto a Júpiter ('Tonante'), v. n. a V 55, 1.

[206] Diana, deusa dos bosques, identificada com Ártemis. Era irmã de Marte / / Ares, visto serem ambos filhos de Júpiter / Zeus.

[207] O dia de aniversário do poeta (cf. X 24), 1 de Março, mês consagrado a Marte.

e o bosque de loureiros da delicada Flora,
onde se refugiou quando Priapo a perseguia.[208]
A todas estas divindades de meu pequeno campo
aplacarás ora com sangue ora com incenso,
e dirás: «Onde quer que o vosso Marcial esteja,
é pela minha mão, vejam, que juntamente comigo vos honra
o ausente sacerdote. Vós, cuidai que eu estou presente
e concedei aos dois o que qualquer um pedir.»

93

Se, antes de mim, Clemente, vires a região dos Eugâneos
   de Helicáon[209] e os campos pintados de densos pâmpanos,
traz para a atestina Sabina[210] os poemas ainda não
   publicados, mas há pouco adornados com a sua purpúrea
                                                  [capa.[211]
Como nos agrada a rosa, a que nossos dedos colhem primeiro,
   assim nos agrada uma nova folha, que um mento ainda não
                                                     [sujou.[212]

94

Serpente alguma dos Massilos[213] guarda os meus pomares,
   nem me serve o régio domínio de Alcínoo,[214]
mas germina, em paz, o meu jardim com nomentanas
   árvores, e minhas maçãs de chumbo não temem o ladrão.
Envio-te, por isso, estes frutos amarelos do meu
   outono, que nasceram há pouco em plena Suburra.[215]

---

[208] V. n. a VI 27, 1 e I 35, 15. Priapo é um deus de desejos sexuais exacerbados.

[209] Filho de Antenor, fundador mítico de Pádua (*Patauium*). Os Eugâneos são um povo que habitara a província da Venécia, onde ficava essa cidade.

[210] Talvez a mulher do destinatário do poema, nascida em Ateste, cidade da Venécia, na Gália Cisalpina.

[211] V. n. a III 2, 11.

[212] V. n. a I 66, 8 e 11.

[213] A serpente (ou dragão) que guardava as maçãs de ouro do jardim das Hespérides. Colhê-las fora um dos Trabalhos de Hércules (v. n. a *Spect.* 24, 4 e IX 101, 3). Os Massilos são um povo da Numídia, no norte de África (v. n. a VIII 53 (55), 1).

[214] V. n. a IV 64, 29 e VII 42, 6.

[215] Isto é: vieram directamente do mercado. Cf. VII 31 e n. a II 17, 1 e VII 31.

95

Teu filho, devolveram-to, Gala, teu marido e teu amante.
Os tipos, cuido eu, afirmam a pés juntos que te não foderam.

96

Admiras-te, Avito, de eu, que envelheci na cidade do Lácio,
    a miúdo falar muito de povos remotos,
de eu ter sede do aurífero Tago e do meu pátrio Salão[216]
    e de eu tornar aos duros campos de uma bem recheada quintinha.
A terra que me apraz é aquela na qual sou rico
    com pouco e os magros recursos são um luxo.
Aqui é sustentada, ali a terra sustenta; aqui se amorna
    a lareira com uma débil chama, ali com um clarão ela brilha;
aqui é cara a fome e lugar de ruína o mercado,
    ali a mesa se cobre de riquezas do seu próprio campo;
aqui quatro togas ou mais no verão se gastam,
    aí durante quatro outonos me cobre a mesma.
Anda lá, serve agora os patronos, Avito, quando um lugar te
    pode dar tudo o que te não dá um amigo.

97

Enquanto uma leve Libitina se eleva com papiro pronto a arder,[217]
    enquanto a sua chorosa mulher compra mirra e canela,
já preparada a fossa, já o leito, já o cangalheiro,
    Numa me nomeou seu herdeiro... Pois bem: convalesceu.

98

Quando me enche o copo de cécubo o teu escanção
mais mimoso que o efeminado do Ida,[218]
que nem tua filha nem tua esposa excedem em elegância
nem tua mãe, nem tua irmã recostadas à mesa,
tu queres que eu contemple de preferência as tuas lucernas
ou a antiga mesa de tuia e as suas indianas defesas?[219]

---

[216] V. n. a X 17 (16), 4 e X 13 (20), 1.
[217] Libitina, a deusa dos mortos (v. n. a VIII 43, 4). Sobre o uso do papiro como acendalha nas piras, cf. VIII 44, 14.
[218] Ganimedes. V. n. a I 6, 1 e IX 103, 8. Quanto ao vinho cécubo, cf. XIII 115.
[219] I.e. as suas pernas modeladas em marfim. *N.T.* V. n. a II 43, 9.

Mas para que eu não seja suspeito à tua mesa,
dá-me, adquiridos no monte e da rústica
quinta, escravos rapados, desleixados, toscos,
enfezados, filhos de porqueiro que cheira a bode.
Este despeito te deitará a perder: não consegues,
Públio, ter tal disposição e tais escanções.

99
Se estes traços de Sócrates fossem romanos, teriam sido,
    entre os Sátiros,[220] como os de Júlio Rufo.

100
Porquê, tolo, com meus versos misturas os teus?
Que tens que ver, desgraçado, com um livro que pleiteia consigo?[221]
Porque queres juntar aos leões
as raposas e assemelhar as corujas às águias?
Mesmo que tenhas outro pé de Ladas,[222]
em vão correrás, pateta, com uma perna de madeira.

101
Se por acaso regressar, enviado dos Campos Elísios,
    o velho Gaba, ditoso com o favor de César,
quem ouvir a par Capitolino e Gaba[223]
    ao despique, dirá: «Bronco Gaba, cala-te.»

---

[220] Se Sócrates (cuja fealdade se tornou proverbial) tivesse sido romano, figuraria entre as estátuas de Sátiros no Pórtico de Octávia (Plínio *N. H.* 36.29). Seria, segundo Marcial, parecido com um tal Júlio Rufo. *N.T.*

[221] O que Marcial pretende dizer, parece-me, é que ele constitui o seu próprio ponto de referência e que o seu livro não compete com nenhum outro. Não creio que *litigante* tenha aqui o sentido de 'que te acusa', pois o que está em causa é apenas a ideia de comparação de realidades completamente diferentes, como os vv. seguintes demonstram, e não as relações entre os diferentes termos de comparação. *N.T.*

[222] Célebre corredor, já evocado em II 86, 8.

[223] Gaba, famoso bobo na corte de Augusto, já referido em I 41, 16; Capitolino desempenhava as mesmas funções junto de Trajano.

102

Queres saber como Filino, que
nunca fodeu, se tornou pai?
Gaditano, Avito, que to diga,
ele que, sem nada ter escrito, é poeta.

103

Ó vós, que a augusta Bílbilis, na sua íngreme encosta
   cingida das rápidas águas do Salão,[224] cria como meus
                                        [concidadãos,
acaso vos regozijais com a glória maior de vosso vate?
   Na verdade sou a vossa honra, nome e fama,
e não deve mais a sua Verona ao delicado Catulo[225]
   e ela não quereria menos que eu fosse chamado seu.
Há quatro ceifas e trinta verões
   que vós, sem mim, dais a Ceres[226] os rústicos bolos,
enquanto eu tenho vivido dentro das admiráveis muralhas de Roma
                                          [imperial.
   Mudaram o meu cabelo as regiões de Itália.
Se de bom grado acolheis o meu regresso, eu venho;
   se alimentais um coração hostil, eu posso voltar para trás.

104

Vai, livrinho, vai com meu caro Flavo
através do vasto mar, mas que as vagas te sejam propícias,
e, em fácil jornada, com ventos de feição,
alcança a acrópole da hispana Tarragona.[227]
Daí umas rodas te levarão e, em rápida viagem,
verás, talvez no sexto percurso,
a altaneira[228] Bílbilis e teu caro Salão.

---

[224] O rio que corre próximo da terra natal do poeta (v. n. a X 13 (20), 1).
[225] Cf. XIV 195.
[226] V. n. a III 58, 6.
[227] Desde o principado de Augusto, *Tarraco* era a capital da Tarraconense, uma das três províncias da Hispânia, e aquela em que se situava Bílbilis.
[228] Porque fica numa 'íngreme encosta' (cf. X 103, 1). É a mesma imagem de I 49, 3.

Perguntas-me que encargo é que te dou? Que saúdes,
logo que chegues, uns amigos, não muitos, mas de longa data,
e que não vejo há trinta e quatro invernos
e que exortes de vez em quando meu caro Flavo
a preparar-me um agradável
e não incómodo retiro por um preço razoável
para fazer do teu autor um preguiçoso.
E nada mais. Já o inchado comandante está a chamar
e a censurar os atrasos, e brisa mais favorável
abriu o porto. Adeus, livrinho.
O barco, já sabes – parece-me –, não espera por um passageiro, se
[o único for.

EPIGRAMAS
LIVRO XI

LIVRO XI

1

Aonde vais tu? aonde, livro ocioso, te diriges
todo elegante, nesta Sídon nada ordinária?[1]
Não irás tu visitar Parténio?[2] Pela certa.
Pois hás-de ir e voltar por desenrolar!
Livros não os lê ele, mas petições apenas,
nem para as Musas tem vagar, ou às suas o daria.
Acharás, porventura, felicidade bastante
se te calharem menos ilustres mãos?
Vai até ao pórtico de Quirino, aqui vizinho:
turba mais descontraída não a tem
Pompeio ou a filha de Agenor
ou o leviano capitão da primeira nau.[3]
Há por ali dois ou três amadores capazes
de sacudir a traça às minhas ninharias,
mas só quando as apostas e conversas
sobre Escorpo e Incitato[4] já cansarem.

---

[1] A púrpura do revestimento de pergaminho (v. n. a III 2, 11). Sídon está por Fenícia, a 'pátria' da púrpura.

[2] O mordomo e assassino de Domiciano, que continuou por algum tempo em funções junto de Nerva. Segundo o poeta, essas responsabilidades (e as petições que, dada a sua posição de influência, não paravam de lhe chegar às mãos) não lhe deixavam tempo para ler (v. 4: 'desenrolar', v. n. a I 66, 11) o livro que lhe dedica. V. n. a IV 45, 2.

[3] Marcial evoca quatro pórticos, lugares de lazer e passeio: o de Quirino, perto de sua casa (cf. X 58, 10) e junto ao templo do deus; o de Pompeio; o de Europa; o dos Argonautas (v. n. a II 14, 3, 5 e 9). Este último é designado por alusão a Jasão, 'leviano' porque traiu Medeia, e chefe da expedição dos Argonautas na nau Argo, a primeira embarcação a fazer-se ao mar.

[4] Os famosos aurigas, ídolos da multidão. Cf. X 50 e n. a IV 67, 5 e X 76, 9.

2

Sobrolho carregado e sisuda fronte do austero
　　Catão e filha de Fabrício, o lavrador,[5]
e tu, orgulho mascarado, e moral dos bons costumes
　　e tudo quanto nas trevas não somos — fora daqui!
Eis o que gritam meus versos: «Vivam as Saturnais!».[6]
　　É permitido e sob o teu governo é um prazer, Nerva.
Decorai, severos leitores, as grosseiras obras de Santra;[7]
　　eu nada tenha a ver convosco: este livro é todo meu!

3

A minha Pimpleide[8] não agrada apenas aos ociosos
　　da cidade, nem eu a dirijo a ouvidos desocupados,
pois, nas neves dos Getas e sob as insígnias de Marte,
　　o meu livro é folheado amiúde pelo duro centurião[9]
e até se diz que a Britânia[10] canta os meus versos.
　　E que me aproveita? A minha bolsa ignora tais coisas.
Mas quantas páginas imorredouras poderia eu compor
　　e quantas batalhas com a tuba da Piéria[11] entoar,
se, depois de restituírem Augusto ao mundo,[12] os deuses
　　benfazejos te concedessem, Roma, também um Mecenas![13]

---

[5] Catão (quer o Censor, quer o de Útica) e Fabrício: símbolos de virtude e moralidade (v. n. 5 a I *praef.* e a I 8, 1; V 51, 5; VII 68, 4). A filha de Fabrício, naturalmente, seguia o exemplo do pai.

[6] Símbolo da liberdade de expressão, do prazer da vida, da rejeição da hipocrisia dos comportamentos: tudo quanto, com a morte de Domiciano e a ascensão de Nerva ao poder, tinha regressado a Roma. V. n. a II 85, 2.

[7] Gramático e tragediógrafo do tempo de César, cujas obras não deviam primar pela adesão de leitores.

[8] A minha Musa (Pimpleia é o nome de uma musa e de uma fonte da Piéria, junto ao Olimpo, consagrada às musas).

[9] Havia duas legiões romanas estacionadas no território dos Getas, na Mésia Inferior, junto à foz do Danúbio.

[10] Até nos limites mais a norte do império.

[11] Das Musas. V. n. a I 76, 3. A 'tuba' representa a poesia épica.

[12] Nerva, enviado pelos deuses como um segundo Augusto, para trazer a Roma a paz, a liberdade e o esplendor perdidos com Domiciano. Além disso, 'Augusto' fazia parte da titulatura oficial dos imperadores.

[13] O paradigmático protector de poetas, amigo de Augusto. Cf. VIII 55 (56), 5 ss. e n. a I 107, 4.

4

Cultos sagrados e Lares da Frígia, que o herdeiro de Tróia salvar
    preferiu, sobre as riquezas de Laomedonte, ao fogo
                                        [condenadas,[14]
e Júpiter, gravado agora, pela primeira vez, em ouro eterno,
    e a irmã e a filha, inteiramente do excelso pai,[15]
e tu, Jano, que já pela terceira vez nos purpúreos fastos
    o nome de Nerva inscreves[16] — a vós peço, de lábios
                                        [piedosos:
velai todos pelo nosso chefe, velai pelo senado;
    que este siga o exemplo do príncipe e aquele o de si mesmo.

5

É tanto o respeito que tens, César, pela rectidão e pela justiça
    quanto o que Numa havia tido: todavia, Numa era pobre.
É coisa difícil esta, de não acomodar os costumes às riquezas
    e de ser um Numa, quando tantos Cresos se superam.[17]
Se os nossos velhos pais, de grande renome, voltassem à terra,
    se fosse lícito despovoar os Bosques Elísios,
receberias as honras de Camilo, invicto campeão da liberdade,[18]
    Fabrício gostaria de aceitar o ouro que lhe desses,[19]

---

[14] Eneias, antepassado dos Romanos, fugiu de Tróia em chamas, levando consigo os deuses pátrios. Laomedonte foi um rei de Tróia, pai de Príamo. V. n. a VIII 6, 6 e 14.

[15] Invocação de Júpiter, sua irmã (e esposa) Juno, e a filha, Minerva. Trata--se da tríade capitolina, objecto de culto no templo a Júpiter Óptimo Máximo, situado no Capitólio, onde haveria uma estátua de ouro do pai dos deuses. Marcial espera que, finalmente, essa estátua seja eterna, pensando decerto nos frequentes incêndios que o templo já sofrera.

[16] Nerva era, pela terceira vez, cônsul. As suas funções iniciavam-se em 1 de Janeiro, o mês consagrado a Jano. Os nomes dos cônsules de cada ano eram registados nos 'fastos'.

[17] Creso (cf. V 39, 8) era símbolo de riqueza (Nerva, pelo que diz o poeta, também). Quanto a Numa, exemplo de pureza de carácter e de reverência religiosa, v. n. a III 62, 2.

[18] V. n. a I 24, 3.

[19] Cf. XI 2, 2 e n. a VII 68, 4. Fabrício recusou o suborno de Pirro, rei do Epiro, quando foi enviado pelos Romanos, em 280 a.C., para negociar uma troca de prisioneiros.

Epigramas – Vol. IV

de servir às tuas ordens se agradaria Bruto,[20] o cruel Sula
te entregaria o governo, assim que resignasse,[21]
e Magno te amaria, juntamente com César, cidadão privado,[22]
e a ti outorgaria Crasso todas as suas riquezas.[23]
E se o próprio Catão,[24] das infernais sombras de Dite[25]
regressasse também, partidário de César se tornaria.

6

Durante os dias lautos do velho portador da foice,[26]
sobre os quais é soberano absoluto o copo dos dados,
penso que me permitirás com verso nada elaborado
gracejar, Roma que trazes o gorro de liberto.
Soltaste uma risada: é lícito portanto, não mo proíbes.
Pálidas canseiras, ide-vos para longe daqui;
quero dizer o que à cabeça me vier,
sem me atardar em longas meditações.
Mistura, meu rapaz, taças meias de vinho,[27]
como aquelas que Pitágoras[28] dava a Nero;

---

[20] O republicano assassino de Júlio César que, assegura o poeta, se voltasse à vida se tornaria adepto do regime político do principado, tendo como timoneiro um homem como Nerva. V. n. a I 42, 1. Outra hipótese é que a alusão diga respeito ao Júnio Bruto que instaurou a república, pondo fim à monarquia, em 509 a.C. (v. n. a XI 16, 10).

[21] V. n. a VI 19, 7 e IX 43, 10. O adjectivo *cruentus* evoca as atrozes proscrições que Sula levou a cabo.

[22] Com Nerva, também Pompeio (v. n. a V 74, 1), tal como Bruto um republicano, passaria a apoiar o principado. E Júlio César retirar-se-ia da vida política perante o valor desse novo chefe único de Roma.

[23] Marco Licínio Crasso, triúnviro juntamente com Júlio César e Pompeio, senhor de uma fabulosa fortuna, em grande parte obtida por processos pouco dignos.

[24] Cf. XI 2, 2 e n. a I 8, 1.

[25] Deus do mundo subterrâneo, assimilado a Plutão, deus dos infernos.

[26] Nas Saturnais, festa em honra de Saturno, deus que se representava empunhando uma foice. Durante esses dias, o jogo era permitido (v. 2) e usava-se o *pileus* (v. 4), o gorro de liberto, simbolizando a licença dos festejos. V. n. a II 85, 2 e IV 14, 8.

[27] Isto é, em que a proporção é de 50% de vinho, 50% de água. V. n. a II 1, 10.

[28] Eunuco, liberto e favorito de Nero, que com ele chegou a encenar uma cerimónia de casamento, segundo o rito. Talvez seja esse episódio o que Marcial evoca em XII 42.

mistura-as, Díndimo, mas uma atrás da outra:
sóbrio, não acerto uma; depois de beber,
virão quinze poetas em meu auxílio.
Agora, dá-me beijos, mas ao jeito de Catulo:
e se forem tantos como os que ele dizia,[29]
hei-de oferecer-te o pardal de Catulo.[30]

7

Pela certa, Paula, já não dirás ao teu estúpido marido,
    quando quiseres ir ter com um amásio mais distante:
«César mandou-me visitá-lo pela manhã, na casa de Alba;
    César chamou-me a Circeios.»[31] Essa treta já não pega.
Sob o governo de Nerva, só podes ser uma Penélope:
    mas a coceira e o velho instinto não to deixam.
Infeliz, que hás-de fazer? Fingir a doença de uma amiga?
    O próprio marido se colará à sua patroa, para ajudá-la,
e vai seguir-te até casa do irmão e da mãe e do pai.
    E então, que aldrabices imaginas com a tua astúcia?
Outra puta diria, talvez, que andava histérica
    e que precisava de se alapar nos banhos de Sinuessa.[32]
Melhor te sais tu, pois, quando te apetece mandar a queca,
    preferes dizer a verdade, Paula, ao teu marido!

8

Os ténues aromas libertados pelo frasco aberto de véspera,
    pelo derradeiro sopro que cai da nuvem de açafrão;[33]

---

[29] Isto é: sem que se possa contá-los (como Catulo deseja no carme 5). V. n. a VI 34, 8.

[30] O *passer* de Lésbia, a amada do poeta. Catulo cantou-o nos carmes 2 e 3 (v. n. a VII 14, 4). Há quem veja um significado obsceno neste verso, considerando 'pardal' uma metáfora do órgão sexual masculino.

[31] Locais onde se situavam duas das *uillae* do imperador Domiciano. Aí chamaria as matronas que desejava possuir, sem que elas ou os maridos pudessem opor-se. A Paula deste epigrama servia-se da circunstância como pretexto para esconder, perante o marido, as suas escapadas amorosas. V. n. a V 1, 1 e 5.

[32] Cidade da Campânia onde havia umas termas denominadas *Aquae Sinuessanae*, famosas pelas suas propriedades curativas e propiciadoras da fertilidade.

[33] Que se lançava sobre os espectadores nos jogos do anfiteatro. V. n. a *Spect.* 3, 8.

pela fruta que amadurece numa caixa invernal,
   pelo campo onde abundam árvores primaveris;
pelas sedas da imperatriz, dos armários do Palatino saídas,
   pelo âmbar aquecido nas mãos de uma donzela;
pela ânfora de negro Falerno, quebrada ao longe,[34]
   pelo jardim que entretém as abelhas da Sicânia;[35]
pelo odor que exalam alabastros de Cosmo[36] e altares dos deuses,
   pela coroa que agora deslizou da cabeleira de um rico – [37]
para quê referir um por um? Não chegam. Junta-os a todos:
   é essa a fragrância dos beijos do meu escravo, pela manhã.
Queres saber o seu nome? Se for só pelos beijos, vou dizer-to.
Juraste que sim... Mas saber demais, Sabino, é o que tu queres.

9
Ilustre graças à coroa de Júpiter, fama do coturno romano,
   Mémore[38] respira, ao regressar à vida pela arte de Apeles.[39]

10
À sátira confiou Turno[40] o seu peito ingente.
   E porque não à poesia de Mémore? Era seu irmão.

11
Leva, rapaz, os cálices e os vasos cinzelados do tépido Nilo
   e traz-me, com mão segura,[41] os copos gastos dos lábios
de nossos pais, polidos por um servo de cabelo curto:
   à mesa seja restituída a honra de antanho.

---

[34] Será mais suave o aroma do precioso vinho. Cf. X 36, 1.

[35] A Sicília, onde ficava o Hibla, montanha famosa pelo mel das suas abelhas. Cf. II 46, 1.

[36] O famoso perfumista de I 87, 2; III 55, 1; 82, 26; IX 26, 2.

[37] A coroa de flores, posta sobre os cabelos ungidos de bons perfumes. Cf. II 59, 3; III 65, 8; X 20 (19), 20; XIII 51.

[38] Autor de tragédias (coturno: v. n. a III 20, 9), vencedor nos jogos Capitolinos instituídos por Domiciano. V. n. a IV 1, 6.

[39] A arte de alguém que pintava como o célebre pintor grego (v. n. a VII 84, 8).

[40] V. n. a VII 97, 8. Da obra destes dois irmãos não restam mais que três ou quatro versos.

[41] Porque o escravo não teme parti-los, sendo de tão pouco valor.

É a ti que cabe beber por gemas, Sardanapalo,[42] que partes
um Mentor[43] e dele fazes um penico para a puta lá de casa!

12
Direito a sete filhos,[44] até to podem dar, Zoilo,
desde que mãe ninguém te dê, ninguém um pai.[45]

13
Sejas quem fores, viajante que trilhas a via Flamínia,[46]
não passes ao largo deste mármore ilustre.
As delícias da cidade e o sal do Nilo,[47]
a arte e a fineza, o gracejo e o prazer,
a honra e o pesar do teatro romano,
as Graças e Amores todos reunidos
neste sepulcro estão, onde Páris jaz.

14
Herdeiros, não enterreis o pequeno colono,
    pois a terra, ainda que pouca, pesada lhe será.

15
Já escrevi páginas que a mulher de Catão
e as arrepiadas Sabinas poderiam ler:[48]
mas este livrinho eu quero que ria todo ele
e seja, de entre todos, o mais atrevido,

---

[42] Rei da Assíria, símbolo de luxo e extravagância.
[43] Célebre escultor e cinzelador grego do séc. IV a.C.
[44] Alusão (hiperbólica) ao *ius trium liberorum*, o 'direito dos três filhos'. V. n. a II 91, 6.
[45] Pois ele é, todos o sabem, alguém que nunca soube quem foram os pais (ou que é melhor que não se revele quem foram). Cf. X 27, 4.
[46] Epitáfio poético de Páris, famoso pantomimo que, embora gozando do favor de Domiciano, acabou por ser morto em plena rua, no ano 83, por alegado adultério com a imperatriz, Domícia Longina, que foi expulsa do palácio. O repúdio, porém, não durou muito, já que Domiciano a amava e a fez regressar. O túmulo de Páris localizava-se na via Flamínia, a norte de Roma. Veja-se que só após o assassínio de Domiciano Marcial ousa recordar aquele que diz ter sido a glória do teatro romano.
[47] Páris nascera no Egipto.
[48] Cf. XI 2, 2 e n. a I 62, 1.

que esteja encharcado em vinho e não core
por estar oleoso do gordo perfume de Cosmo;[49]
que goze com os rapazes, que ame as raparigas
e não fale com rodeios daquela coisa,
da qual nascemos e é pai de todos,
à qual o venerando Numa[50] piroca chamava.
Lembra-te, porém, que estes versos são
feitos para as Saturnais, Apolinar:[51]
este livrinho não espelha os meus costumes.

16

Tu que és assim tão austero, leitor, já podes abalar daqui
    para onde quiseres: até agora, escrevi para a toga urbana.
Agora já a minha página goza com versos à maneira de
                                                                          [Lâmpsaco[52]
    e faz estalar castanholas com mão de Tartesso.[53]
Ah, quantas vezes de verga em riste golpearás o manto,
    nem que sejas mais austero que Cúrio e Fabrício![54]
E também tu, donzela, as malícias e jogos do meu livrinho
    hás-de ler, toda húmida, ainda que de Pádua[55] venhas!
Enrubesceu Lucrécia[56] e o meu livro pôs de lado,
    pois Bruto estava ali; vai-te, Bruto,[57] que ela já volta a ler.

17

Nem todas as páginas do meu livro são para ler à noite:
    alguma coisa acharás, Sabino, que possas ler de manhã.

---

[49] V. n. a XI 8, 9.

[50] Cf. X 76, 4.

[51] V. n. a II 85, 2. Sobre Domício Apolinar, v. n. a IV 86, 3.

[52] Cidade do Helesponto onde Priapo (v. n. a I 35, 15) era venerado. Isto é: a poesia de Marcial vai acentuar, a partir daqui, a obscenidade.

[53] Como as sensuais dançarinas de Gades (cf. V 78, 26-28; VI 71, 1-2; XIV 203). V. n. a VII 28, 3.

[54] Cf. XI 2, 2 e n. a I 24, 3; VII 68, 4.

[55] A moralidade era timbre de todos os habitantes da antiga *Patauium*.

[56] O exemplo por excelência da matrona romana casta, que não suporta atentados ao seu pudor e à honra dos seus. V. n. a I 90, 5.

[57] Lúcio Júnio Bruto, que, com Tarquínio Colatino, marido de Lucrécia, expulsou os reis etruscos e implantou a república. Ambos foram os primeiros cônsules de Roma. V. n. a X 39, 4.

18

Deste-me, Lupo, um campo à beira da cidade,
mas é maior o campo que tenho à janela.[58]
Podes em campo falar, um campo chamar-lhe?
Se um pé de arruda faz dele o bosque de Diana,
se a asa de uma estrídula cigarra o encobre,
se a formiga o devora num só dia,
se a pétala do botão de rosa lhe tece uma coroa;
se nele mais erva não se encontra
que numa folha de Cosmo[59] ou na pimenta verde;
se nele não cabe um pepino ao comprido,
nem uma serpente lá consegue inteira morar!
O jardim mal dá para nutrir uma lagarta,
o mosquito morre sobre o salgueiro que devorou
e uma toupeira se encarrega de o cavar e lavrar.
Nem o cogumelo pode bocejar, nem os figos
fender-se num sorriso, nem as violetas abrir.
Um rato lhe devasta as fronteiras e teme-o
o colono como se fora o javali de Cálidon;[60]
levada pelas unhas de uma Procne voadora,[61]
a minha seara guarnece um ninho de andorinha
e, ainda que lhe faltasse o podão e a verga,
não tem espaço nem para meio Priapo.[62]
Feita a safra, a custo se enche a casa de um caracol
e o vinho novo o guardamos numa noz com pez.
Erraste, Lupo, e por uma sílaba apenas:
pois na altura em que um pasto me deste,
um repasto[63] preferia que me tivesses dado!

---

[58] Nos vasos da varanda...
[59] V. n. a XI 8, 9.
[60] Morto por Meléagro. V. n. a *Spect.* 32, 2.
[61] A andorinha, ave em que Procne foi transformada. V. n. a I 53, 9 e IV 49, 4.
[62] V. n. a I 35, 15.
[63] Em latim, a diferença é de uma letra: Lupo deu-lhe um *praedium*, o poeta acharia melhor se tivesse sido um *prandium*.

19
Perguntas porque não te quero desposar, Gala? És muito literata.
E muitos são os erros de gramática que a minha piroca dá!

20
Ora lê, meu invejoso, estes seis versos lascivos de César
                                                    [Augusto,[64]
tu que franzes a testa quando certas palavras latinas[65] lês:
«Lá porque António fodeu Gláfira,[66] esta pena Fúlvia[67]
me fixou a mim: que também a foda eu.
Mas Fúlvia hei-de eu foder? E se Mânio[68] me pedisse
    para lhe ir à peida? Havia eu de ir? Não creio, se miolo tiver.
"Ou fodes ou vamos à porrada!" — diz ela. E agora, se a pichota
    eu prezo mais do que a própria vida? Ressoem as trombetas!»
Absolverás, pela certa, os meus graciosos livrinhos, Augusto,
    tu que sabes falar com simplicidade bem romana.

21
Lídia é tão relaxada quanto o cu de um cavaleiro de bronze,
    quanto o rápido aro que ressoa com seu metálico tilintar,[69]
quanto a roda tantas vezes batida pelo ginasta que a atravessa,
    quanto o velho calçado humedecido por água lodosa,
quanto a rala rede que aguarda os tordos errantes,
    quanto o toldo pelo Noto afastado, no teatro de Pompeio,[70]
quanto o bracelete caído no braço de um paneleiro tísico,
    quanto a almofada vazia do seu recheio de Lêucon,[71]

---

[64] Estes versos que Marcial cita como sendo de Augusto só aqui se encontram registados. Sabemos, porém, por outras fontes, que Augusto escreveu epigramas, alguns dos quais visando, em termos crus, inimigos seus.

[65] Cf. o *latine loqui* de I *praef.* (v. n. 3).

[66] Mãe do rei da Capadócia, instalado no trono, em 41 a.C., por intervenção de Marco António (sugere Marcial que por íntimo entendimento com sua mãe).

[67] Primeira mulher de Marco António.

[68] Ajudante de Fúlvia nas suas manobras para desacreditar Octaviano.

[69] Cf. XIV 168; 169.

[70] Quando o vento soprava muito forte, o *uelarium* era recolhido nos recintos onde decorriam os espectáculos. Cf. XIV 29; v. n. a IX 38, 6.

[71] O enchimento de lã. Cf. XIV 159; 160 e XI 56, 9.

quanto as velhas bragas de um desgraçado Bretão
  e quanto a feia goela do pelicano de Ravena.
Diz-se que lhe mandei uma queca na piscina do mar.[72]
  Não sei; penso que a queca mandei — mas foi na piscina!

22

Que a tua rude fuça desgaste os tenros beijos do níveo
  Galeso, que te deites com um Ganimedes[73] em pêlo,
é já de mais — quem o negará? Mas fica-te por aí; pára
  ao menos de lhes mexer na pichota com mão fodilhona.
Aos moços imberbes prejudica-os mais isso que a verga,
  pois que os dedos provocam e apressam a virilidade:
daí esse cheirete e esses pêlos pressurosos e essa barba
  que a mãe espanta e que já nem agrade o seu banho à clara luz.
A natureza dividiu o macho em duas partes: uma para as miúdas,
  outra para os homens foi criada. Usa a que te pertence!

23

Sila está disposta a casar comigo sem condições,
  mas sem condições casar com Sila não quero eu.
Já que insistia, eu atirei: «Por dote de esposa um milhão
  de sestércios em ouro me darás. E pode lá ser menos?
Como teu marido, não te foderia nem na primeira noite;
  e nunca no mesmo leito contigo dormiria.
Hei-de abraçar a minha amiga e não mo proibirás;
  por ordem minha a tua criada me enviarás.
À tua frente um escravo me dará lascivos
  beijos, quer ele a mim pertença, quer a ti.
Virás jantar comigo, mas a tal distância te reclinarás
  que a minha roupa não chegue a tocar na tua.
Raros ósculos me darás e não os darás à vontade,
  nem à maneira de esposa, mas antes de velha mãe.
Se tudo isto aguentares, se nada recusares suportar,
  acaso acharás, Sila, quem casar contigo queira.»

---

[72] V. n. a XIII 65, 2.
[73] Isto é: com um jovem efeminado como o escanção de Júpiter. V. n. a I 6, 1.

24

Enquanto te escolto e a casa te acompanho,
enquanto presto atenção à tua tagarelice
e quanto dizes e fazes me ponho a aplaudir,
quantos versos, Labulo, poderiam ter nascido!
Não te parece isto ser um crime,
se o que Roma lê e o forasteiro procura,
o que não desagrada ao cavaleiro e o senador decora,
o que louva o advogado e o poeta critica,
por tua culpa se perder? Pode lá isto ser, Labulo?
Pode alguém suportá-lo? Que, para ser maior
o número dos teus clientecos togados,[74]
seja menor o número dos meus livros?
Já quase trinta dias são passados e ainda uma
página mal tenho completa. É o que acontece,
quando jantar em casa um poeta não quer.

25

Aquela verga tão lasciva e de não poucas miúdas conhecida,
    deixou Lino de a ter em pé. Ó língua, põe-te a pau!

26

Oh, meu grato remanso, Telésforo, meu brando tormento,
    que até agora não conheceu em meus braços rival;
dá-me os teus beijos, rapaz, húmidos de velho Falerno,[75]
    dá-me as taças que teus lábios encurtaram.
Se a isto juntares os verdadeiros prazeres de Vénus,
    negarei que a Júpiter caísse melhor Ganimedes.[76]

27

És de ferro, Flaco, se a tua verga consegue ficar em pé,
    quando a tua amiga te pede seis copitos de garo,[77]
ou te roga dois pedaços de atum e uma cavala pequena

---

[74] Cf. II 57, 5; 74, 1.
[75] Cf. X 36, 1.
[76] V. n. a I 6, 1.
[77] O *garum* (v. n. a III 77, 6), o omnipresente (e fedorento) condimento.

e nem de um cacho de uvas inteiro digna julga ser;
a quem a serva traz, em regozijo, num prato de argila,
   um molho de anchovas, que ela sem detença devora;
ou quando ela esfrega a cara, sem ponta de vergonha,[78]
   e pede cinco tosões de gordurosa lã, para a mantilha.
Pois bem: que a minha amiga peça antes uma libra de perfume
   ou verdes esmeraldas ou um par de sardónicas;
que não deseje senão a seda melhor do bairro etrusco
   e me rogue cem moedas de ouro como se de bronze fossem.
Agora pensas tu que eu quero dar estas coisas à miúda?
   Não quero, mas que a miúda as mereça — lá isso quero!

28
Nasica, o louco, deitou as mãos a Hilas, escravo do médico
   Eucto, e espetou-o. O tipo, cá por mim, estava bom do juízo.

29
Quando a tua velha mão começa a apalpar o meu descaído
   membro, Fílis, quase mo estrangulas com o teu polegar.
E quando me chamas "ratinho" e "luz dos teus olhos",
   acho que dez horas a custo me bastarão para recuperar.
De carícias nada percebes; diz antes «Vou dar-te cem mil sestércios
   e vou dar-te umas jeiras bem tratadas da terra de Sécia;
toma lá vinhos, casa, escravos, pratos dourados, mesas.»
   Nem precisas dos dedos: esfrega-me antes assim, Fílis.

30
Dizes que cheira mal a boca dos advogados e poetas.
   Mas a dos brochistas, Zoilo, cheira bem pior.

31
Cecílio é o Atreu das abóboras:
como se elas os filhos de Tiestes fossem,
dilacera-as e esquarteja-as em mil pedaços.[79]

---

[78] A origem da expressão parece residir no 'esfregar' do rosto para tirar a pintura: daí nasceria o sentido de 'perder a vergonha'.
[79] V. n. a III 45, 1.

São elas que vais comer logo à entrada;
a elas, no primeiro e segundo prato, irá recorrer;
a elas no terceiro irá também apelar;
e com elas preparará as tardias sobremesas.[80]
Com elas faz o pasteleiro insípidos bolos,
com elas cria também múltiplas peças
e as tâmaras bem conhecidas nos teatros.[81]
Com elas inventa o cozinheiro picados vários,
a ponto de julgares que lentilhas ou favas te serviram;
com elas imita cogumelos e chouriços
e rabos de atum e pequenos arenques.
Com elas exercita o despenseiro[82] a sua arte,
que hábil disfarça, por meio de sabores vários,
um petisco de Capélio[83] em folha de arruda.
Assim preenche a escudela e amplas bandejas,
os pires ligeiros e as fundas travessas.
E a isto chama requinte, isto julga refinado:
para tantas iguarias, de um só asse[84] dispor.

32

Nem toga, nem lareira, nem leito cheio de percevejos
    tens, nem esteira de junco esponjoso entretecida,
nem escravo novo ou velho, nem escrava, mesmo criança,
    nem tranca na porta, nem chave, nem cão ou taça.
Desejas porém, Nestor, que te chamem e considerem
    um pobre e procuras ter um lugar no meio do povo.
Mentes e gabas-te de um título sem valor:
    não é pobreza, Nestor, não ter coisa nenhuma.[85]

---

[80] Resumindo: abóbora em todas as etapas da *cena.* V. n. a XI 52, 12.

[81] Porque as vendiam nas 'tendinhas' em redor, ou porque eram distribuídas como *missilia*, presentes lançados sobre os espectadores. V. n. a VIII 78, 8.

[82] Adoptámos, com a generalidade dos editores, a lição *cellarius* e não *bellarius*, defendida por Shackleton Bailey. *N.T.*

[83] Capélio, possivelmente um cozinheiro afamado, inventor ou especialista em confeccionar este prato, cuja composição desconhecemos.

[84] A moeda de menos valor, base do sistema monetário romano.

[85] Cf. VIII 19.

33

Depois da morte de Nero,[86] mais amiúde o cocheiro dos Verdes
a palma alcança e a vitória mais prémios lhe dá.
Anda agora, inveja roaz, diz lá que perdias para Nero:
 não era por certo Nero o vencedor, mas o cocheiro dos
[Verdes.[87]

34

Uma casa comprou Apro, mas nem uma coruja desejaria
 tomá-la para si, tão negra e velha aquela barraca é.
Lá perto, Marão possui uns belos jardins.
 Apro jantará bem, mas bem não morará.

35

Trezentos amigos convidas, gente que não conheço,
e, sendo teu convidado, a razão por que não vou
estranhas e lamentas e comigo te aborreces.
Não é por gosto, Fabulo, que janto sozinho!

36

Gaio Júlio[88] assinala para mim este dia com uma pedra
 branca.[89] Viva! Os meus votos trouxeram-no de volta.
Regozijo-me por ter desesperado como se as Irmãs[90] o seu fio
 houvessem partido; menos alegria sente quem nada temeu.
Hipno,[91] porque esperas, preguiçoso? Serve-nos imortal

---

[86] Domiciano, identificado com Nero, pela crueldade e tirania.

[87] Marcial insinua que, morto Domiciano, os aurigas da facção verde ganham por mérito e não, como antes, porque o resultado das corridas era viciado, para dar a vitória ao 'clube' do *princeps*. V. n. a VI 46, 1. Outros, porém, aventam a hipótese de que o poeta se refira efectivamente a Nero e de que o poema tenha como intenção ridicularizar os Azuis, dado que Marcial seria, também ele, um adepto dos Verdes.

[88] O poema é um *soterion*, composição de regozijo pelo restabelecimento de Gaio Júlio Próculo, o amigo de I 70.

[89] V. n. a X 38, 5.

[90] As Parcas. V. n. a I 88, 9.

[91] Nome (grego) bem escolhido para um escravo preguiçoso: Hipno é a personificação do sono, filho da Noite e irmão de Tânato (a Morte).

Falerno;[92] uns votos assim reclamam uma talha das antigas.
Bebamos cinco taças e mais seis e mais oito,
até completarmos *Gaius* e *Iulius* e *Proculus*.[93]

37
Zoilo, de que te serve engastar a gema numa libra
inteira e deitar a perder a pobre sardónica?
Esse anel ainda há pouco te ficava bem era na perna:[94]
mas um peso assim aos dedos não convém.

38
Um cocheiro foi agora vendido por vinte mil sestércios, Aulo.
   Admiras-te de ser um preço tão elevado? É que ele era surdo.[95]

39
Eras tu, Caridemo, quem meu berço embalava
   e da minha infância foste protector e mestre assíduo.
Já a toalha se me enegrece com a barba cortada
   e a miúda se queixa de lhe picarem os meus lábios:
mas para ti não cresci; o meu caseiro tem terror de ti,
   o administrador e a própria casa de ti se apavoram.
Não deixas que me divirta nem que faça amor;
   nenhuma liberdade me queres dar e toda a queres para ti.
Censuras, espias, ralhas, andas a suspirar
   e é por pouco que a tua ira não lança mão da férula.
Se me visto com roupa de Tiro ou perfumo os cabelos,
   exclamas: «Nunca o teu pai fizera tal coisa!»;
e de testa franzida contas os copos que bebo,
   como se da tua adega tivesse a jarra saído.
Pára com isso: não suporto um liberto a fazer de Catão![96]
   A minha amiga te há-de dizer que já sou homem.

---

[92] Cf. X 36, 1.

[93] Seguindo o costume de beber uma taça por cada uma das letras do nome do homenageado. Cf. I 71, 1-2; VIII 50 (51), 21; IX 93, 4; XIV 170, 2.

[94] Enquanto foi escravo e usava grilhões. Agora é (ou quer-se fazer passar por) cavaleiro e resolve ostentar o anel que o significava. Cf. III 29.

[95] O que convém muito a um dono que não quer que lhe ouçam as conversas. Cf. XII 24. Aulo (v. 1) deverá ser o amigo Aulo Pudente (cf. I 31).

[96] Cf. XI 2, 2.

40

Luperco ama a formosa Glícera
e sozinho a possui e nela sozinho manda.
Porque o mês inteiro não a tinha fodido,
tristonho se queixava e, ao querer explicar
a razão a Eliano, que lha perguntava,
comentou que Glícera tinha dores de dentes.

41

Entregava-se o pastor Amintas em demasia ao gado
    e alegrava-se com a reputação e a louçania do rebanho:
mas cederam os ramos e as pernadas flexuosas, pelo seu peso
    vencidos, e ele acabou por seguir as bolotas que sacudia.
Não permitiu o pai que a maldita árvore sobrevivesse à perda
    funesta e o lenho culpado ao fogo condenou.
Deixa, Ligdo,[97] que andem gordos os porcos do vizinho Iolas:
    para mim, basta que não percas a conta às cabeças.

42

Epigramas vivos me pedes e assuntos mortos
    me dás. Que é que se pode fazer, Ceciliano?
Mel do Hibla e do Himeto[98] desejas que se produza
    e dás tomilho da Córsega[99] às abelhas de Cécrops![100]

43

Só porque me apanhaste com um rapaz, mulher, com palavras
    azedas me acusas e argumentas que também tu tens um cu.
Quantas vezes não disse Juno o mesmo ao lascivo Tonante![101]
    Mas ele continua a dormir com um Ganimedes já grandote.[102]

---

[97] O pastor do poeta, a quem este aconselha – porque lhe quer mais que aos porcos... – que não arrisque a vida como Amintas.
[98] O Hibla, montanha da Sicília, e o Himeto, montanha da Ática, ambas famosas pelo mel das suas abelhas. Cf. II 46, 1; VII 88, 8; XIII 104; 105.
[99] V. n. a IX 26, 4.
[100] Da Ática. Cf. X 33, 2 e n. a I 25, 3.
[101] V. n. a V 55, 1.
[102] V. n. a I 6, 1. É o facto de já não ser 'imberbe' que torna o acto desviante, na perspectiva romana. Cf. I 31.

O herói de Tirinto punha o arco de lado e vergava antes Hilas:
  e cuidas tu que Mégara não teria boas nádegas?[103]
Dafne fugidia deixava Apolo em tormento: mas essa
  paixão a mandou passear o garoto de Ébalo.[104]
Ainda que Briseida muitas vezes se deitasse de costas viradas,
  o seu tenro amigo aproximava-se mais do Eácida.[105]
Deixa, por isso, de dar nomes de macho às tuas partes
  e acredita, mulher, que tu tens é duas conas!

44
Não tens filhos, és rico e nasceste no consulado de Bruto:[106]
  e ainda acreditas que tens amizades sinceras?
Sinceras eram as que tinhas quando eras jovem e pobre.
  Um amigo novo o que almeja é a tua morte.

45
Sempre que transpões o umbral de um quarto com letreiro,[107]
  fosse um moço ou cachopa quem para ti sorriu,

---

[103] Novo 'triângulo': Héracles / Hércules, sua mulher Mégara, e Hilas. V. n. a V 48, 5 e VII 15, 3.

[104] A ninfa Dafne despertou o amor de Apolo, mas ela não correspondia ao desejo do deus, que a perseguiu para a seduzir. No momento em que quase a apanhava, Dafne invocou o auxílio de Zeus (ou de seu pai, um rio divino), pedindo-lhe que a metamorfoseasse. Atendida a súplica, ela transformou-se em loureiro (em grego, δάφνη), a árvore consagrada a Apolo. O 'garoto de Ébalo' é Hiacinto (ou Jacinto), o jovem e muito belo filho de Amiclas, rei de Esparta, ou, noutras versões, de Ébalo. O deus apaixonou-se por ele. Um dia, porém, em que lançavam o disco, matou-o por acidente (o vento desviou o disco, que bateu numa rocha, saltou e atingiu o jovem). Do sangue que jorrou, o deus inconsolável fez brotar uma nova flor.

[105] Pátroclo, o 'tenro amigo' de Aquiles (v. n. a VIII 6, 11). Como se conta na *Ilíada*, Briseida era a cativa favorita de Aquiles. Quando Agamémnon exigiu que o herói lha desse, para o compensar de ter perdido uma outra cativa, Criseida, Aquiles, enfurecido, recusou-se a continuar a luta. Só a morte de Pátroclo o fez regressar aos combates.

[106] Portanto, em 509 a.C.! Cf. X 39 e XI 16, 10.

[107] Nos prostíbulos, cada cubículo apresentava um letreiro com o nome e o preço da prostituta, outras vezes também uma pintura que 'apresentava' a prática sexual a que a/o prostituta/o que aí recebia os clientes se dedicava preferencialmente. Documente-se o costume visitando o(s) lupanar(es) de Pompeios.

não te bastam uma porta, uma cortina[108] e um ferrolho,
    mas para ti reclamas lugar de maior segredo:
manda-se tapar o mais pequeno sinal de uma fenda
    e toda a picada que lasciva agulha tiver feito.
Pudor assim delicado e ansioso não o possui ninguém
    que à peida vá, Cântaro, ou uma foda mande!

46
A não ser em sonhos, já não a endireitas, Mévio,
    e o teu vergalho põe-se a mijar entre os pés;
empunhas a picha rugosa com dedos cansados
    e, por mais esforços, ela não levanta a defunta cabeça.
Porque chateias, em vão, conas e cus desgraçados?
    Sobe mais acima: é aí que revive uma velha picha.

47
Os banhos predilectos de bandos de mulheres,
    porque os evita Látara? Para não foder.
Porque não anda ele, vagaroso, pelas sombras de Pompeio,
    nem busca os portais da filha de Ínaco?[109] Para não foder.
Porque mergulha ele o corpo recoberto de unguento
    da Lacedemónia[110] na gelada Virgem?[111] Para não foder.
Pois que assim evita o contacto com o género feminino,
    porque lambe conas Látara? Para não foder.

---

[108] Na mesma visita, veja-se que não havia portas nesses cubículos. A (não) privacidade era garantida por uma simples cortina. V. n. a I 34, 5.

[109] O pórtico de Pompeio (v. n. a II 14, 9 e XI 1, 11) e o templo de Ísis, a cujo culto aderiam muitas mulheres. Ísis era a transformação divina de Io, filha de Ínaco, que Zeus amou. V. n. a II 14, 7 e X 48, 1.

[110] Lacedemónia = Esparta, onde, como se sabe, a cultura física era primordial. O unguento que Látara usa é o *ceroma*. V. n. a IV 4, 10 e IV 19, 5; V 65, 3; VII 32, 9; XIV 50, 1.

[111] A *Aqua Virgo*, o aqueduto construído por Agripa, que trazia a água até ao *frigidarium* das termas. Hoje pode ver-se na Fonte de Trevi. V. n. a V 20, 9.

48

Sílio[112] presta homenagem a este monumento do grande Marão,
 ele que os campos do facundo Cícero possui.
Outro herdeiro e senhor do seu túmulo e do seu lar
 nem Marão nem Cícero haveriam de preferir.

49 (50)

Nenhuma hora há em que tu, Fílis, do meu desvario
 te não aproveites: tão expedita és na rapina.
Agora pranteia uma fingida criada o esquecimento do espelho,
 ou cai-te a gema do dedo ou da orelha a pedra fina;
agora as sedas roubadas estão a preço de ocasião,
 agora me apresentam um frasco já seco de Cosmo;[113]
agora me pedem uma ânfora poeirenta de negro Falerno,[114]
 para que uma bruxa tagarela os sonhos te exorcize;[115]
agora que uma perca enorme ou um salmonete de duas libras
 vá comprar, pois uma amiga rica te fez saber que vem jantar.
Ganha vergonha e respeita, ao menos, a verdade e a justiça:
 a ti, Fílis, nada nego; nada me negues, Fílis, a mim!

50 (49)

As cinzas já quase abandonadas e o sagrado nome
 de Marão uma só pessoa havia que os honrava, e era pobre.
Sílio decidiu vir em socorro daquela sombra amada:
 honra assim o poeta um poeta não menos inspirado.[116]

51

Tamanha é a coluna que de Tício pende
quanto a que as moças de Lâmpsaco veneram.[117]

---

[112] O poeta Sílio Itálico (cf. VII 63 e n. a IV 14, 1) comprara o terreno onde se encontrava o sepulcro de Vergílio (v. n. a I 61, 2) e uma *uilla* que pertencera a Cícero, por devoção para com a memória daqueles que considerava seus modelos literários. Cf. VII 63, 5-6.

[113] V. n. a XI 8, 9.

[114] Cf. X 36, 1.

[115] Cf. VII 54.

[116] Cf. X 48. O túmulo de Vergílio, que se encontrava à mercê do efeito devastador do passar dos anos e da indiferença dos homens, ficava perto de *Neapolis* (Nápoles).

[117] Cf. XI 16, 3.

Sem companhia alguma nem chatices,
   em termas grandes e privadas, toma ele banho.
Apertado, ainda assim, é como Tício toma banho.

52

Jantarás bem, Júlio Cereal,[118] em minha casa;
   se proposta melhor não tiveres, aparece.
Podes reservar a hora oitava;[119] juntos iremos ao banho:
   sabes como as termas de Estéfano ficam perto daqui.[120]
Primeiro serás servido de alface, um laxativo
   recomendado, e alhos-porros de rebentos talhados;
a seguir atum, de conserva, maior que cavala miúda,
   mas com guarnição de ovos sobre folhas de arruda;
não faltarão outros, mexidos em lume brando,
   e queijo coalhado ao lume do Velabro[121]
e azeitonas que experimentaram o frio do Piceno.[122]
   Como aperitivo[123] basta. Queres saber do resto?
Mentirei, para que venhas: peixe, almôndegas, tetas
   de porca e gordas aves de capoeira e de caça,
que mesmo Estela[124] só em raros jantares serve.
   Ainda te prometo mais: não te vou recitar nada,

---

[118] Cf. X 48, 5.

[119] Após a sesta e antes da *cena* (o jantar), o banho. Sobre a divisão do dia em horas entre os Romanos, v. n. a I 108, 9.

[120] Perto da casa do poeta, no Quirinal (cf. X 58, 10). As termas de Estéfano (sem dúvida o nome de quem as construiu ou explorava) são referidas também em XIV 60, 2.

[121] Tratava-se um queijo fumado. Cf. XIII 32. O Velabro era uma zona de Roma, situada entre o Palatino e o Capitólio.

[122] Cf. X 48; XIII 36 e n. a I 43, 8. O Piceno era uma região da Itália, na costa do mar Adriático.

[123] A *cena* romana constava de três partes: a *gustatio*, o aperitivo; a *cena* propriamente dita, com os pratos de maior substância; as *secundae mensae*, a sobremesa. Como se vê, Marcial só tem os aperitivos – modestos e frugais – e, para sobremesa, nem literatura... Cf. V 78.

[124] Arrúncio Estela, que bem o podia fazer, dada a fortuna que possuía. V. n. a I 7, 1.

mesmo que de fio a pavio me releias os teus *Gigantes*
e as *Geórgicas*, tão próximas do eterno Virgílio.[125]

53
Ainda que Cláudia Rufina provenha dos cerúleos
    Britânicos, que alma de pessoa latina ela possui!
Que nobreza de porte! As mães itálicas a poderiam
    julgar uma romana e as áticas uma das suas.
Graças aos deuses, foi fecunda, deu filhos ao virtuoso
    marido e, jovem ainda, genros e noras espera ter.
Queiram os deuses celestes que se regozije de um só esposo[126]
    e que se regozije sempre com os seus três filhos.

54
Perfumes e canela e a mirra[127] que cheira a funeral
e o incenso meio queimado do meio da pira extorquido
e a canela que roubaste ao leito da Estige[128]
    – tira-os, descarado Zoilo, do teu bolso imundo.
Essas mãos atrevidas aprenderam o vício dos teus pés:
    não admira que sejas ladrão, tu que eras escravo fujão.

55
Quando Lupo te exorta, Úrbico, a seres pai,
    não o creias; nada há que ele menos queira.
É arte dos caça-heranças parecer querer o que não quer:
    espera que não faças o que te anima a fazer.
Bastará que a tua Coscónia diga que está grávida
    e mais pálido que uma parturiente Lupo ficará.
Mas para parecer que usaste o seu conselho de amigo,
    morre de forma a que ele pense que foste pai.[129]

---

[125] Cereal era, pois, poeta épico e bucólico, autor de uma *Gigantomaquia* (poema sobre o combate entre os Gigantes e os deuses olímpicos, assistidos por Héracles: v. n. a XIII 78, 1) e de umas *Geórgicas* de inspiração vergiliana. Nada chegou até nós.

[126] Cf. X 63.

[127] Para ungir os cadáveres.

[128] V. n. a I 78, 4.

[129] I.e., sem nada lhe legar em testamento.

56

Lá porque demasiado a morte elogias, estóico Querémon,
 esperarás que admire e venere a tua alma?
Essa virtude[130] é o jarro de asa partida quem ta dá
 e o triste lar que nenhuma fogueira aquece
e a esteira e o percevejo e a armação do catre sem roupa
 e a toga curta que usas noite e dia.
Oh, que grande homem és tu, que sem as borras do tinto
 vinagre[131] e a palha da enxerga e o negro pão[132] podes
[passar!
Pois bem: que o teu colchão se encha com lã dos Leucos[133]
 e que a púrpura bordada recubra o teu leito
e durma contigo um escravo que, pouco antes, ao misturar
 o Cécubo, os convivas torturava com sua rósea boca.
Oh, como almejarás três vezes viver os anos de Nestor
 e nem um minuto de um dia assim perder quererás!
Nas horas de estreiteza, é fácil menosprezar a vida:
 ânimo forte mostra quem a miséria consegue suportar!

57

Admiras-te de que os poemas envie a um douto, Severo,
 quando te convido para jantar, douto Severo?
Júpiter está farto de ambrósia e vive a néctar;
 ainda assim, a Jove damos vísceras cruas e vinho puro.

---

[130] Os estóicos tinham como objectivo a construção (fruto de um trabalho diário) da *uirtus* e a rejeição do *uitium*. Quanto aos bens materiais, consideravam-nos 'indiferentes', isto é, nem um 'bem', nem um 'mal': seriam uma ou outra coisa consoante a utilização que deles se fizesse. E, tendo-os, o homem devia estar sempre preparado para os perder. Além disso, consideravam o suicídio como uma forma possível de pôr fim a qualquer situação em que a dignidade humana estivesse irremediavelmente comprometida. São esses dois aspectos da doutrina do Pórtico que Marcial aqui ridiculariza na figura deste estóico que o é apenas porque as circunstâncias em que vive o empurram para tal. Cf. I 8, 3.

[131] O vinho de má qualidade, azedo e não coado, que o dinheiro dele lhe permite comprar.

[132] Isto é: pão de terceira qualidade, já que os Romanos consideravam três tipos de pão, do mais branco e fino, até ao mais negro e barato.

[133] Cf. XI 21, 8 e XIV 159; 160. Os Leucos eram um povo da Gália.

Pois que o favor dos deuses tudo te concedeu,
se não queres o que tens, afinal que poderás tu aceitar?

58

Quando me vês com desejo, Telésforo, e me sentes com tesão,
pedes-me uma fortuna. Imagina que ta quero negar: poderia?
E a menos que declare com juramento «eu dou», tu foges-me
com essas nádegas, que tantos direitos sobre mim te dão.
E se o barbeiro, com a navalha nua sobre a minha garganta,
nessa altura me pedir a liberdade e riquezas?
Prometo-as; pois quem então as pede não é um barbeiro,
mas antes um ladrão; o temor é uma força imperiosa.
Porém, mal a navalha estivesse guardada no recurvo estojo,
a esse barbeiro as pernas e as mãos ambas haveria de partir.
A ti, porém, nada farei; mas depois de limpar a verga com lã,
ela irá dizer à tua ambiciosa avareza: «*va te faire foutre*».[134]

59

Carino traz em cada um dos seus dedos seis
anéis e nem de noite os tira,
nem quando toma banho. Porque será, perguntarão?
Não tem cofre para os guardar.[135]

60

Perguntas: será Flógis ou Quíone melhor na arte de Vénus?
Quíone é mais bonita, mas Flógis tem coceira;
uma coceira capaz de entesar o couro mole de Príamo
e que ao velho Pélias[136] velho não deixaria ser;
tem a coceira que todos gostariam que a sua miúda tivesse,
e que Críton poderia curar, mas não Higia.[137]

---

[134] No original, usa-se o grego λαικάζειν. Em Marcial, é comum o uso do grego em contextos obscenos (cf., p.e., XIV 201).

[135] O cofre com esse fim tinha o nome de *dactyliotheca*. Cf. XIV 123. Carino é um novo-rico que nem nos banhos, onde é fácil perder um anel, nem a dormir, deixa de ostentar a sua fortuna.

[136] V. n. a VI 71, 3.

[137] I.e., que um médico poderia curar, mas não uma médica. Higia era filha de Esculápio e personificação da saúde.

Mas Quíone nada sente no acto e com nenhum suspiro
   ajuda; ausente ou de mármore a julgarias.
Ó deuses, se lícito fosse pedir-vos tamanha graça
   e dádiva tão preciosa quisésseis outorgar,
faríeis que o corpo que tem Quíone o tivesse Flógis
   e que tivesse Quíone a coceira que Flógis tem!

61
Marido com a língua, amante com a boca, Naneio
é mais porco que a boca das putas de Submémio;[138]
assim que, da sua janela na Suburra,[139] o vê nu
a obscena Leda corre a fechar o bordel
e beijá-lo no meio prefere a beijá-lo na cara;
ele que, ainda há pouco, percorria todos os canais
interiores e dizia, com voz certa e segura,
se era menino ou menina o que no ventre a mãe trazia.
Alegrai-vos, conas; a coisa correu-vos bem;
ele já não consegue erguer a língua fodilhona.
Quando estava todo enfiado numa vulva inchada
e escutava, lá dentro, os vagidos da criança,
um mal repugnante desfez-lhe aquela parte gulosa.
E agora, nem puro nem impuro pode ser.

62
Lésbia jura que a ela nunca de graça a foderam.
   É verdade. Quando quer foder, ela costuma pagar.

63
Pões-te a olhar para nós, Filomuso, durante o banho:
e porque serão os meus escravos tão avantajados
e lisinhos sem cessar perguntas.
Vou responder com franqueza à tua questão:
é que eles enrabam, Filomuso, os curiosos.

---

[138] O bairro da prostituição. Cf. I 34, 6; III 82, 2; XII 32, 22.
[139] V. n. a II 17, 1.

64

Não sei que coisa escreves, Fausto, assim a tantas miúdas.
Mas uma coisa sei: o que miúda alguma te escreve a ti.

65

Pessoas aos centos, Justino, convidaste para jantar,
   a fim de celebrares o dia que te viu nascer.
Entre eles, bem me lembro, eu não usava ser o último,
   nem essa honra me suscitava invejas.
    *   *   *   *   *   *
No dia seguinte, renovas a cerimónia da mesa em festa:
   hoje nasces para centenas, amanhã para mim nascerás.

66

És delator e caluniador,
és tratante e negociante,
és brochista e treinador.[140] Admiro-me,
Vacerra, que massa não tenhas.

67

Vivo nada me dás; dizes que depois da morte me darás.
   Se não és parvo, Marão, os meus votos já conhecerás.

68

Pequenos dons pedes aos grandes, mas os grandes não tos dão.
   Para sentires menos vergonha, pede-lhos grandes, Matão.

69

Criada entre os treinadores do anfiteatro,
   caçadora, feroz no monte, em casa mansa,
Lídia era o meu nome, fidelíssima a Déxter,[141] meu amo,
   que me não trocaria pelo cão de Erígone,[142]

---

[140] O *lanista*, que treinava os gladiadores.

[141] O amigo de Marcial celebrado em VII 27 (v. n. a v.3).

[142] Icário era um ateniense que, por ter acolhido bem Dioniso, recebeu do deus o dom de cultivar a vinha. Ele deu algum a provar aos seus conterrâneos e estes, interpretando os efeitos da bebida como sendo os de um veneno, mataram-no. Sua

nem por aquele, de raça dicteia,[143] que Céfalo seguiu
  para com ele subir aos astros da lucífera deusa.[144]
Não me arrebataram longos dias nem a idade inútil,
  como foi o destino do cão dulíquio:[145]
aniquilou-me o dente fulmíneo de um escumante javali,
  enorme como o teu, Cálidon, ou o teu, Erimanto.[146]
Não me queixo, embora cedo fosse arrebatada
  para as sombras infernais: morte mais nobre não poderia ter.

70

Podes, Tuca, vender escravos comprados por cem mil sestércios?
Podes, Tuca, vender os teus senhores[147] banhados em
                                                                              [lágrimas?
Nem as carícias, nem as palavras ou os lamentos singelos,
  nem os colos marcados ainda pelos teus dentes, te comovem?
Que vileza! A túnica, de ambos os lados erguida, mostra os genitais,
  e examinam-se as pichotas moldadas por tua mão.

---

filha, Erígone, encontrou o cadáver ajudada pela cadela Mera e, com a dor, enforcou-se. Dioniso transformou Erígone na constelação da Virgem; Mera, que ficou junto à sepultura da dona até morrer de desgosto, foi metamorfoseada na do Cão.

[143] De Creta, onde ficava o monte Dicte, terra de cães e caçadores afamados. Daí veio o cão de Prócris (v. n. seguinte).

[144] Céfalo e Prócris eram marido e mulher. Mas a Aurora apaixonou-se por Céfalo e tentou seduzi-lo. Ora, ele resistiu, e a deusa mudou-lhe o aspecto, sugerindo-lhe que pusesse à prova a fidelidade da esposa. Ela cedeu e, quando o marido se revelou, fugiu para Creta, onde foi companheira de Diana, que lhe ofereceu um cão (Lélaps – do grego λαυλαψ, 'furacão') e um dardo que nunca falhava o alvo. Regressando para junto de Céfalo, reconciliaram-se e ela deu-lhe o cão e o dardo. Um dia, porque lhe disseram que o marido, quando ia à caça, se encontrava com outra mulher, seguiu-o para o espiar. Escondida entre os arbustos, foi atingida acidentalmente pelo dardo que Céfalo lançou, por reflexo de caçador, quando sentiu que alguma coisa mexia entre a vegetação. A Aurora levou então com ela, para os céus, o seu amado, para com ele ficar. O cão tê-lo-á seguido.

[145] O cão de Ulisses, rei de Ítaca, que esperou, velho e abandonado de todos, que o dono regressasse, para então morrer. Dulíquio é o nome de uma ilha do mar Jónio, que fazia parte do reino de Ítaca. O nome do cão era, segundo Homero, Argos (*Od.* XVII 291-327).

[146] Cf. XI 18, 18. Erimanto é uma montanha da Arcádia, onde estava o javali que Héracles / Hércules matou num dos seus Trabalhos. Cf. IX 101, 6.

[147] Os que até há pouco te mantinham 'preso' à satisfação dos teus desejos.

Se é contar o dinheiro que te deleita, vende antes
    a prata, as mesas, os vasos de murra, os campos, a casa;
vende os escravos velhos – hão-de perdoar-te; vende os de teu pai:
    para não venderes os escravos jovens, vende tudo, miserável.
É estroinice comprá-los – quem poderá duvidar ou negar? –,
    mas vendê-los é estroinice muito maior!

71

Depois de ao velho marido ter dito que era histérica,
    Leda[148] queixa-se de que ser fodida é para si uma necessidade.
Mas, entre choros e gemidos, nega-se a pagar tão cara
    a saúde e declara que teria preferido morrer.
Roga-lhe o homem que viva e não renuncie aos verdes
    anos e permite-lhe fazer o que ele fazer já não pode.
Logo chegam os médicos e afastam-se as médicas:[149]
    e toca a alçar as pernas... Oh que remédio penoso!

72

Nata devora a pilinha do seu marmanjo,
à beira do qual Priapo[150] é um capão.

73

Juras sempre que virás, Ligdo, quando te chamar
    e até marcas a hora e até marcas o local.
Quando no leito em vão te espero, com tamanha coceira
    de tesão, amiúde me vale a mão esquerda em tua vez.
Que posso augurar-te, mentiroso, por tão meritória actuação?
    Que a sombrinha leves, Ligdo, a uma tia zarolha.

74

Bácara da Récia deu a verga para tratar
    a um médico rival. Bácara um Galo[151] ficará.

---

[148] Como Leda é nome usado por prostitutas (cf. II 63, 2; III 82, 3; IV 4, 9; XI 61, 4), logo aqui se dá a sugestão de qual é a natureza da doença que a atormenta.
[149] Cf. XI 60, 6.
[150] V. n. a I 35, 15.
[151] Será castrado, como os sacerdotes de Cíbele. V. n. a II 45, 2 e XI 84, 4.

75
Tapado por um estojo de bronze, contigo
se banha, Célia, o teu escravo. Para quê, pergunto,
se ele não é citaredo nem flautista de coro?[152]
Tu não queres — penso eu — é ver a sua pichota.
Porque tomas banho, então, com toda a gente?
Será que, para ti, todos somos uns capados?
Anda lá, para não pareceres ciumenta,
retira, Célia, a fivela ao teu escravo.

76
Obrigas-me, Peto, a pagar-te dez mil sestércios,
   porque Bucão te fez perder duzentos mil.
Não me castiguem, peço, faltas que não são minhas:
   tu que podes duzentos mil perder, perde dez mil.

77
Embora em todas as retretes Vacerra
horas consuma e o dia sentado passe,
Vacerra tem vontade é de jantar,[153] não de cagar.

78
Dá-te aos abraços femininos, Victor,[154] dá-te lá,
   e que a tua verga aprenda um mester ignorado.
Já tecem o manto da tua noiva, já a virgem se apresta,
   já a nova esposa o cabelo aos teus escravos cortará.[155]
Uma só vez deixará que o ardente marido a enrabe,
   ainda receosa dos primeiros golpes de um dardo novo.
A sua ama e a sua mãe proibirão que o faças mais vezes

---

[152] Cf. VII 82, 1-2 e XIV 215.

[153] Recorde-se que, pela cidade, havia latrinas, usadas sem qualquer privacidade. Aproveitava-se, pois, a ocasião e o lugar para conversar, combinar encontros e, no caso dos parasitas como Vacerra, tentar cravar o jantarinho do dia. Cf. II 14; 27; IX 35 e XII 82, para outros processos de conseguir o mesmo.

[154] Vocónio Victor: cf. VII 29.

[155] Para que o marido os veja como adultos e não como adolescentes impúberes, com quem ainda é lícito manter relações sexuais, como faria com o Téstilo de VII 29. V. n. a I 31, 1, 2 e 8.

e dirão: «Ela é a tua mulher, não o teu amásio.»
Ah, quantos ardores, quantos labores hás-de penar,
    se uma cona para ti coisa estranha for!
Por isso, vai aprender com uma profissional da Suburra.[156]
    Ela fará de ti um homem; uma virgem não é boa mestra.

79

Porque cheguei ao primeiro marco à hora décima,[157]
    acusam-me de ser lento e preguiçoso.
Mas a culpa não é da estrada nem minha, mas sim tua,
    já que as mulas que me enviaste, Peto, são tuas.

80

Dourada praia de Vénus ditosa, Baias;[158]
Baias, brando presente da orgulhosa natureza;
ainda que louve, Flaco, com versos mil Baias,
não louvarei com dignidade bastante Baias.
Ainda assim, Flaco, prefiro Marcial[159] a Baias.
A ambos por igual desejar é voto ousado.
Mas se, por graça divina, isso me for dado,
que fonte de alegrias são Marcial e Baias![160]

81

O eunuco Díndimo e um velho tentam em conjunto Egle
    excitar, mas a miúda continua seca no meio da cama.
Um por falta de vigor a função não cumpre, o outro pelos anos:
    sem efeito, portanto, a canseira de ambos em comichão se fica.
Suplicante ela roga, por si e pelos dois desgraçados:
    que de um jovem faças, Citereia,[161] e do outro um macho.

---

[156] V. n. a II 17, 1.
[157] Já o jantar vai no fim (cf. IV 8, 6).
[158] Cf. X 14 (13), 4. É uma 'praia de Vénus', dadas as suas características propícias a amores mais ou menos legítimos. Há ainda notícia da existência de um templo a Vénus nas imediações.
[159] Sem dúvida o amigo Júlio Marcial. Cf. X 47, 1.
[160] Se, além do poeta, Flaco convidar Júlio Marcial para uma estadia em Baias.
[161] Vénus. V. n. a II 47, 2.

82

Quando Filóstrato, um convidado, das águas de Sinuessa[162]
regressava à sua casa arrendada, à conta da noite
quase imitava na morte o fado cruel de Elpenor,[163]
ao cair, de cabeça, por um bom lanço de escadas.
Não teria, Ninfas, tão grande perigo corrido,
se, para beber, as vossas águas tivesse preferido.

83

Ninguém de graça mora em tua casa, senão ricos e sem filhos.
Ninguém, Sosibiano, arrenda a casa mais cara do que tu.

84

Quem não quiser descer ainda às sombras da Estige,[164]
fuja, se avisado for, de Antíoco, o barbeiro.
São menos cruéis as facas que os alvos braços ferem,
quando a turba fanática delira com os ritmos frígios;[165]
é mais doce Álcon[166] ao cortar as hérnias estranguladas
e ao desbastar, com mão de perito, os ossos partidos.
Vá ele rapar os cínicos indigentes e os queixos dos estóicos[167]
e desnudar a crina poeirenta ao pescoço dos cavalos.
Se ele fosse barbear, sob o penedo cítio, o mísero Prometeu,
este iria reclamar, com o peito nu, a carniceira ave;[168]
para a mãe correria Penteu,[169] para as Ménades Orfeu,[170]

---

[162] Cf. XI 7, 12.

[163] Um dos companheiros de Ulisses, que morreu ao cair do telhado do palácio de Circe, onde adormecera toldado pelo vinho.

[164] V. n. a I 78, 4.

[165] Alusão ao cruel ritual a que se entregavam os sacerdotes de Cíbele, deusa frígia. V. n. a II 45, 2 e V 41, 3; IX 2, 13-14; cf. XIII 25, 1, para uma das versões do mito que justificam essa castração.

[166] O médico já referido em VI 70, 6.

[167] Imagem típica dos filósofos barbudos, pobretanas e que não cuidam da aparência. Sobre os Cínicos, v. III 93, 13; IV 53; XIV 81. Sobre os Estóicos, cf. I 8, 3; XI 56. Cf. tb. VII 64, 8.

[168] Perante a ameaça de tão terrível barbeiro, Prometeu preferiria o seu tremendo castigo. V. n. a *Spect.* 9, 2.

[169] Em delírio báquico inspirado pelo próprio Dioniso, Agave, mãe de Penteu, rei de Tebas, matou e despedaçou o próprio filho, que se opunha ao culto do deus.

[170] V. n. a *Spect.* 24, 8 e 25, 2.

ao estrondo apenas da arma selvática de Antíoco.
Todas estas cicatrizes, que no meu queixo contais,
   como as que assentam na testa de um velho pugilista,
não as fez uma severa esposa com as unhas assanhadas,
   mas antes o ferro e a mão criminosa de Antíoco.
Das alimárias todas juntas, somente o bode tem miolo:
   vive com a sua barba, para não a levar ao Antíoco.

85
De repente, Zoilo, fulminada foi por um raio a tua língua,
   ainda tu lambias. Pela certa, Zoilo, agora tens de foder.

86
Para te aliviar a garganta, que uma penosa tosse atormenta
   sem cessar, Partenopeu, o médico te receitou
umas colheres de mel, amêndoas e doces bolos
   e tudo o mais que não deixa as crianças birras fazer:
mas tu não paras todos os dias de tossir.
   Uma tosse dessas não é tosse, Partenopeu: é gula!

87
Dantes eras rico: e nessa altura enrabador tu foste
   e por longo tempo não conheceste mulher alguma.
Agora persegues as velhas. Oh pobreza, a quanto obrigas!
   Ela fez de ti, Caridemo, um fodilhão.

88
Há já muitos dias, Lupo, que Carisiano
afirma que não consegue enrabar ninguém.
Quando os amigos agora lhe perguntaram a razão,
disse que andava com diarreia.[171]

89
Porque me envias, Póla, coroas intocadas?
   Prefiro receber as rosas já por ti murchadas.

---

[171] Confissão ingénua das suas verdadeiras preferências sexuais.

90

Versos nenhuns aprovas que por trilho fácil correm,
    mas os que por escarpas e altas rochas tropeçam,
e este verso consideras melhor que um carme da Meónia:[172]
    «modesto pilar da casa de Lucílio, aqui jaz Metrófanes»;[173]
e ficas espantado ao ler «da frugífera terra»[174]
    e tudo quanto Ácio e Pacúvio vomitam.[175]
Queres imitar, Crestilo, esses teus velhos poetas?
    Raios me partam, se não conheces da piça o sabor!

91

Cânace, filha de Eólide,[176] jaz enterrada neste sepulcro,
    a menina para quem o sétimo inverno foi o último.
«Que crime, que atentado!» Viajante, que te aprestas a chorar,
    aqui não é permitido lamentar a brevidade da vida.
Mais triste que a morte foi o tipo de morte: um mal horrível
    lhe roubou o rosto e na tenra boca se instalou;
a doença cruel devorou-lhe os próprios beijos
    e nem os pobres lábios foram dados por inteiro à negra pira.
Se em voo tão rápido estavam os fados para chegar,
    deveriam ter chegado por um outro caminho.
Mas a morte apressou-se a cortar o trilho à meiga voz,
    para que a língua não pudesse as duras deusas[177] vergar.

92

Mente quem afirma, Zoilo, que és tu um vicioso.
    Tu não és um tipo vicioso, Zoilo: és o vício em pessoa.

---

[172] Um dos poemas homéricos. V. n. a V 10, 8; VII 46, 2.

[173] Verso de uma das sátiras de Lucílio, poeta do séc. II a.C., considerado o criador da sátira literária romana. Da sua obra restam-nos c. 1300 versos. O citado refere-se ao epitáfio de um escravo.

[174] Expressão dos *Anais* de Énio (v. n. a V 10, 7).

[175] O apreço de Marcial pelos tragediógrafos Ácio (170 – c. 86 a.C.) e Pacúvio (220 – c. 130 a.C.), bem como por todos os escritores considerados 'arcaicos', era, como se vê, nulo.

[176] Trata-se de escravos, com nomes de evocação mitológica: Cânace era uma filha de Éolo, que teve um filho do irmão, Macareu.

[177] As Parcas. V. n. a I 88, 9.

93

As chamas roubaram ao poeta Teodoro o lar
   das Piérias.[178] Parece-vos bem isto, Musas, e a ti, Febo?[179]
Que delito, que maldade enorme e crime dos deuses,
   que à uma não ardessem morada e morador!

94

Que tanta inveja tenhas dos meus livros e por todo o lado
   os critiques, eu perdoo: és sensível, poeta circunciso.
Não me preocupa ainda que, embora os meus versos censures,
   tu os copies: também aí és sensível, poeta circunciso.
O que me crucifica é que tu, na mesma Sólima[180] nascido,
   andes a enrabar o meu escravo, poeta circunciso.
Mas tu negas e juras-me pelo santuário do Tonante.[181]
   Não acredito: jura, circunciso, antes por Anquíalo!

95

Sempre que te acontecer cair nos beijos de um brochista,
   imagina, Flaco, que enfiaste a cabeça na banheira.[182]

96

É a água Márcia,[183] e não a do Reno, que aqui brota, Germano:
   porque vedas e proíbes ao rapaz o jorro da fonte copiosa?

---

[178] Das Musas. V. n. a I 76, 3

[179] Apolo. V. n. a VIII 36, 9.

[180] Jerusalém (*Hierosolyma*). O visado neste poema é um judeu, e, como tal, circuncidado. Tais circunstâncias provocam o desprezo de Marcial, como de muitos Romanos. Além disso, os judeus tinham sido vencidos por Tito que, no ano 70, lhes queimou o templo e os obrigou à diáspora. A política dos três Flávios para com os judeus foi, sempre, de repressão. Cf. IV 4, 7; VII 30, 5; 35, 4; 55.

[181] O templo de Júpiter no Capitólio (v. n. a V 55, 1). O juramento do judeu tem dado origem às mais desencontradas interpretações. A mais acertada, porém, é a seguinte: os Judeus só tomavam como juramento válido aquele que faziam pelo seu Deus. O judeu deste epigrama, jurando pela divindade romana, não se sente obrigado a cumprir o seu juramento. Por isso Marcial, que conhecia de ouvido a fórmula do juramento judaico, lhe diz que deve jurar segundo essa fórmula, que quererá dizer algo como 'jura pelo Deus vivo' (An chi alon). Agradeço ao Prof. Arnaldo do Espírito Santo a explicação deste passo.

[182] Cf. II 42; 70; VI 81.

[183] A água trazida pelo aqueduto construído pelo pretor Quinto Márcio Rei, em

Bárbaro, não deve uma água vencedora[184] matar a sede
cativa do servo que empurrou um cidadão.

97
Numa noite posso com quatro: mas raios me partam,
   se em quatro anos, Telesila, contigo puder uma só vez.

98
Aos beijoqueiros, Flaco, é impossível escapar.
Insistem, retardam; perseguem, assaltam
daqui e dali, em qualquer altura e qualquer lugar.
Nem chaga inflamada, nem pústula luzente,
nem queixo doente, nem sórdido eczema,
nem beiços em gorda pasta untados,
nem pingo de nariz resfriado, de nada servirão.
Beijam quem de calor sua e quem de frio treme,
e quem para a esposa o beijo reservava.
Nem a cabeça enfiada num capuz te livrará,
nem a liteira protegida pelo couro e pelo pano,
nem a cadeira várias vezes cerrada te defenderá:
por todas as frestas o beijoqueiro há-de entrar.
Nem o próprio consulado, nem o tribunado,
nem os seis feixes, nem a vara orgulhosa
do lictor clamoroso[185] o beijoqueiro afastarão:
ainda que possas no alto do tribunal sentar-te
e, da cadeira curul, a justiça às gentes aplicar,[186]
a um e outro lado o beijoqueiro trepará.
Beijará o febricitante e o chorador,
um beijo dará ao bocejante e ao nadador,

---

144 a.C. (*Aquae Marciae*). Cf. VI 42, 18; IX 18, 6. Um cativo germano não deve, como é óbvio, beber antes de um cidadão romano.

[184] Domiciano e Trajano celebraram vários triunfos sobre os povos da Germânia.

[185] Nem o facto de ser cônsul, ou tribuno da plebe, ou pretor (que se deslocava precedido de seis lictores, empunhando os feixes que simbolizavam a sua dignidade, e que afastavam os transeuntes com a vara ou com gritos, para que passasse o magistrado sem atrasos e sem que o importunassem).

[186] A *sella curulis* era a cadeira destinada aos cônsules, pretores e edis curuis.

um beijo dará ao cagador. Para este mal, um só
remédio há: faz teu amigo quem não queres beijar.[187]

99
Sempre que da cadeira te alças — já amiúde o notei —,
    enrabam-te, Lésbia, as tuas míseras túnicas.
Tentas com a mão direita, tentas com a esquerda
    arrancá-las, até as sacares, entre lágrimas e gemidos:
a tal ponto as apertam as Simplégades gémeas[188] do cu
    e tanto entram pelas nádegas enormes das Ciâneas.[189]
Queres corrigir este desbragado vício? Vou-te ensinar:
    Lésbia, não te levantes nem te sentes — é o meu conselho.

100
Não quero, Flaco, ter uma boneca magricela,
cujos braços os meus anéis possam cingir,
que me barbeie com a anca nua e me pique com o joelho,
que uma serra da espinha lance e um espeto do cu.
Mas também não quero uma boneca de mil libras.
De carne gosto, mas de banha não gosto.

101
Taís, assim tão magra, como pudeste, Flaco, vê-la?
    Tu, julgo eu, até o que não existe, Flaco, podes ver.

102
Não mentiu quem me disse que tu eras
    boa de carnes, Lídia, mas não de maneiras.
Assim é, se te calares e ficares recostada, tão muda
    e silenciosa quanto um rosto de cera ou um quadro.
Mas sempre que falas, Lídia, perdes até as carnes

---

[187] I.e., se passar a ser um amigo verdadeiro, não quererá beijá-lo contra vontade.

[188] As Simplégades eram dois rochedos (ou ilhas) que bloqueavam o Bósforo e que, movendo-se um de encontro ao outro, faziam naufragar os barcos. Quando aí passaram, os Argonautas soltaram uma pomba, que os rochedos tentaram entalar. Logo que se afastaram de novo, a nau Argo ultrapassou-os.

[189] As 'rochas azuis', outro nome das Simplégades.

e a mulher alguma prejudica mais a língua do que a ti.
Que te não ouça nem te veja o edil: tem cautela!
É um prodígio,[190] sempre que uma estátua se põe a falar.

103
É tanta a castidade na tua alma e no teu rosto, Safrónio,
que me admiro de que tenhas podido ser pai.

104
Põe-te a andar, mulher, ou partilha os meus hábitos:
  eu não sou nenhum Cúrio nem Numa[191] nem Tácio.[192]
Eu aprecio as noites passadas entre alegres copos:
  tu sais à pressa da mesa, sisuda, mal bebes a água.
Tu gostas do escuro: a mim agrada-me brincar
  com a lâmpada a ver e romper as ilhargas com luz a entrar.
Faixas e túnicas e negros mantos te escondem,
  mas comigo mulher alguma está nua o bastante.
Cativam-me os beijos que imitam a doçura das pombas:
  tu dás-me os mesmos que dás à tua avó pela manhã.
Nem com meneios nem palavras nem dedos te dignas
  ajudar ao acto — é como se servisses incenso ou vinho puro;
masturbavam-se atrás da porta os escravos frígios,
  sempre que a esposa montava Heitor a cavalo
e, embora o Ítaco roncasse, a pudica Penélope
  sempre lá no sítio costumava ter a mão.
Não deixas que te enrabe: mas Cornélia dava-o a Graco,
  Júlia a Pompeio, e Pórcia a ti, Bruto[193];

---

[190] Que o edil teria de registar e que mereceria interpretação, sabe-se lá com que resultados!

[191] V. n. a I 24, 3; III 62, 2; VI 47, 3.

[192] Após o rapto das Sabinas e quando, por intervenção das mulheres, Romanos e Sabinos fizeram a paz, foi decidido que se fundiriam num só povo e que Rómulo e Tito Tácio, de origem sabina, partilhariam o poder.

[193] A paródia, depois de se centrar em casais da mitologia (Heitor e Andrómaca; Ulisses e Penélope), visa os respeitados exemplos de mulheres romanas como Cornélia, a mãe dos Gracos, Júlia, filha de Júlio César e mulher de Pompeio, Pórcia, filha de Catão e mulher de Marco Júnio Bruto (v. n. a I 42, 1). No dístico seguinte, culminará com o topo da hierarquia olímpica: Júpiter / Zeus, Juno / Hera e Ganimedes (cf. XI 43, 3-4).

quando o Dardânio[194] não misturava ainda, como escanção,
as doces bebidas, Juno fazia de Ganimedes para Jove.
Se gostas de austeridade, deixo-te ser Lucrécia até mesmo
o dia inteiro: mas, à noite, quero uma Laís.[195]

105
Davas-me, Gárrico, uma libra; agora dás-me um quarto:
desembolsa lá, Gárrico, ao menos a metade.

106
Víbio Máximo,[196] se tens vagar para um olá,
lê estes versos apenas, visto que estás ocupado
e não és dado a grandes canseiras.
Também estes quatro saltas? Foste bem esperto.

107
Devolves-me o livro desenrolado até às pontas,[197]
    como se o tivesses lido por inteiro, Septiciano.
Tudo leste. Acredito, bem sei, fico contente, é verdade.
    Foi assim que li por inteiro os teus cinco livros.

108
Embora possas já estar cheio deste longo livrinho,
    ainda me pedes, leitor, uns quantos dísticos.
Mas Lupo reclama os juros e os escravos a diária.
    Leitor, paga tu! Calas e finges não perceber? Então adeus.

---

[194] Ganimedes, troiano, era descendente de Dárdano. V. n. a I 6, 1 e a VI 3, 1.
[195] Para o 'contraste', cf. XI 16, 9 e X 68, 12.
[196] Deverá tratar-se de uma personagem que veio a ser prefeito do Egipto em 104.
[197] V. n. a I 66, 8 e 11.

EPIGRAMAS
LIVRO XII

LIVRO XII

Valério Marcial ao seu amigo Prisco.[1] Saúde!
Bem sei que te devo uma justificação para uma tão obstinada preguiça de três anos. Uma preguiça que não acharia perdão nem no meio dos afazeres citadinos – onde mais facilmente conseguimos parecer maçadores que cumpridores –, quanto mais nesta pasmaceira provinciana: se aqui me não entrego ao estudo sem tréguas, vivo retirado sem conforto nem desculpa.

Vou dizer-te da minha justiça. A razão primordial é que busco os ouvidos da cidade, aos quais me habituara, e parece-me que estou a litigar num foro estrangeiro. Se alguma coisa há que nos meus livros agrade, foram os ouvintes que a ditaram: aquela argúcia dos juízos, aquela fecundidade dos argumentos, as bibliotecas, os teatros, as reuniões, onde se estuda sem que o prazer se ressinta – em suma, tudo aquilo que, por despeito, abandonei e de que agora sinto a falta, a modos que defraudado. Acresce a má-língua dos munícipes e a inveja, em lugar da crítica, e um ou dois malévolos, demasiados para lugar tão pequeno – perante isso é difícil conservar diariamente bons fígados.

Não te admires, portanto, que, na minha indignação, tenha descurado o que costumava fazer com tanto entusiasmo. Mas, para, à tua chegada da Urbe, não te recusar o que reclamas – e não te pago um favor ao oferecer-te somente aquilo de que sou capaz –, tive de me obrigar ao que costumava fazer de bom grado; e esforcei-me, em pouquíssimos dias, para poder receber os teus ouvidos, para mim tão estimados, com o devido jantar de boas-vindas. Queria que tivesses a bondade de apreciar e examinar estes versos, que somente junto de ti não correm perigo; e – coisa que para ti é muito difícil – que, sem contemplações, ajuízes das minhas bagatelas, para evitar que eu mande para Roma, se assim o entenderes, em vez de um livro escrito na Hispânia, um livro hispânico.

---

[1] Terêncio Prisco, que regressa à Hispânia. Cf. VIII 45.

1
Enquanto repousam as redes e os latidos dos molossos
  e a selva descansa do javali desencontrado,
poderás ter vagar, Prisco, para este curto livrinho.
  Nem uma hora das de Verão[2] perderás por completo.

2 (3)
Ainda há pouco costumavas partir da Urbe, às gentes enviado;
  Eis que agora irás para Roma como livro forasteiro,
do povo do aurífero Tago e do sombrio Salão – [3]
  as pátrias correntes que a terra forte me dá.
Mas hóspede não serás, nem podem chamar estrangeiro
  a quem tantos irmãos tem na excelsa mansão de Remo.[4]
Procura – é teu direito – os venerandos umbrais do templo novo,
  onde ao coro das Piérides foi devolvida a morada;[5]
ou vai, se preferires, à entrada da Suburra;[6]
  aí fica o átrio nobre de um cônsul meu amigo:
nesses láureos penates habita o facundo Estela,[7]
  o ilustre Estela, das hiânteas águas[8] sedento.
Ali se alteia a fonte Castália com a corrente cristalina,[9]
  de onde se diz que as nove senhoras bebiam amiúde.
Ele te dará a ler ao povo, aos senadores e cavaleiros;
  e ele próprio te lerá inteiro de olhos mal enxutos.

---

[2] No texto está *hora aestiva*: como os Romanos dividiam em 12 horas o tempo compreendido entre o nascer e o pôr do sol, a hora de Verão era mais longa que a de Inverno. N. T. V. n. a I 108, 9.

[3] V. n. a X 17 (16), 4 e X 13 (20), 1.

[4] V. n. a X 76, 4.

[5] Com Trajano, uma biblioteca dedicada às Musas (v. n. a I 76, 3) voltara a estar junto ao 'Templo Novo' (no Palatino), donde fora deslocada na sequência de um incêndio.

[6] V. n. a II 17, 1.

[7] Arrúncio Estela, cônsul sufecto em 101 ou 102. V. n. a I 7, 1.

[8] As águas da Beócia, i.e. da fonte Aganipe, no sopé do Hélicon. Os Hiantes eram um povo da Beócia.

[9] A nascente do Parnasso, montanha a norte de Delfos, fonte de inspiração e local de culto a Apolo e às Musas (as 'nove senhoras' do v. seguinte: v. n. a III 68, 6). As referências a Aganipe e a Castália (v. n. a I 76, 9 e 11) remetem para a actividade poética de Estela.

Queres um título para quê? Basta ler dois ou três versos
e todos clamarão, ó livro, que o teu autor sou eu.

3 (4)

Quanto Flaco e Vário e o incomparável Marão colheram
    do cavaleiro Mecenas de antiga linhagem real,[10]
colho eu de ti, Terêncio Prisco, — às nações e povos
    o dirá a voz da fama e um anoso manuscrito.
A ti devo a inspiração, a ti o méritos que me atribuem;
    tu me dás o ócio honesto de um livre cidadão.
Glória à tua alma incomum e aos teus costumes,
    dignos de Numa ou de um Catão amante do riso.[11]
Ser generoso, protector, aumentar os parcos bens
    e dar tanto quanto a custo os benignos deuses dão,
é agora legal e justo. Mas sob um príncipe cruel[12]
    e quando os tempos eram maus, tu ousaste ser bom.

4 (5)

O meu labor alongado nos livros décimo e undécimo
    sai agora encurtado nesta breve obra polida.
Leiam mais os desocupados, a quem deste ócio seguro:
    lê tu este livro, César; que talvez leias os outros.[13]

5 (2 + 6, 1-6)

Íeis há pouco, ó carmes, para a costeira Pirgos,
    ide pela Sacra Via que de pó já se não cobre.
Chegou ao sumo palácio ausónio o tão indulgente Nerva:
    agora em segurança se pode fruir do Hélicon.[14]

---

[10] Horácio (Flaco), Vário (Rufo: v. n. a VIII 18, 8) e Vergílio (Marão), todos do 'círculo' de poetas que Mecenas protegeu e incentivou (v. n. a I 107, 4). Mecenas descendia de uma muito nobre família etrusca e pertencia à ordem equestre. O v. 2 deste epigrama (*Maecenas, atauis regibus ortus eques*) dá eco do v. 1 da *Ode* 1 do Livro I de Horácio (*Maecenas atauis edite regibus*).

[11] V. n. a XI 5, 4 e a X 20 (19), 21.

[12] Domiciano, que só aceitaria a generosidade de que fosse o beneficiário.

[13] Marcial terá feito uma antologia de epigramas dos seus dois livros anteriores para oferecer a Nerva, que Parténio lhe levaria (cf. epigr. 11). Ao que parece, a tentativa de que o novo *princeps* se interessasse por ele não deu frutos.

[14] Os poetas, com Nerva, também ele íntimo das Musas do Hélicon, não mais correriam perigo.

A boa-fé da lealdade, o sorriso da clemência, a cautela do poder
    estão agora de regresso; o longo Medo foi-se embora.[15]
Um voto fazem, pia Roma, os povos e as tuas gentes:
    tenhas sempre chefes destes, e este por longo tempo.[16]

(6) 7

Se Ligeia tem tantos anos
quantos cabelos na cabeça — então tem três!

8

Roma, deusa do mundo e das gentes,
a quem nada se compara, nem de perto nem de longe,
alegre, futurava há pouco os anos
que contaria Trajano pelas gerações além,
e ao ver a força e a juventude e a bravura
de um soldado em tão grande imperador,
disse toda ufana de tal protector:
«Soberanos dos Partos e chefes dos Seres,
Trácios, Sármatas, Getas, Britanos,[17]
posso mostrar-vos um césar; vinde.»

9

Os nossos Hiberos, clementíssimo César, governa-os Palma,[18]
    e a Paz, nestes confins, goza de um jugo tranquilo.
Alegres te agradecemos um tão grande favor:
    enviaste à nossa terra[19] os teus próprios costumes.

---

[15] O reinado de terror de Domiciano, a que se contrapõe agora um tempo pautado pelas qualidades de Nerva, a quem o poeta já reconhecera um carácter de eleição (cf. V 28, 4; VIII 70; IX 26).

[16] O voto laudatório não se realizou: Nerva morreu em 25 de Janeiro de 98, dezasseis meses depois de ter chegado ao poder. Tinha 67 anos.

[17] Trajano tinha 42 anos quando chegou ao poder. As suas qualidades militares eram por todos reconhecidas. Natural se torna, pois, o aviso que Marcial deixa a todos os povos contra quem Roma empreenderia campanhas.

[18] Deve tratar-se de Aulo Cornélio Palma, cônsul em 99 e, circunstância que o poeta aqui agradece a Trajano, legado imperial na Hispânia Citerior.

[19] Marcial sublinha a identidade de origens que o une ao *princeps*: ambos nasceram na Hispânia, Marcial em Bílbilis, Trajano em Itálica (hoje Santiponce, perto de Sevilha).

10
Africano tem cem milhões e anda à cata de heranças.
Dá a Fortuna assaz a muitos, mas a nenhum satisfaz.

11
Saúda Parténio, ó Musa, que é teu e meu amigo:
 pois quem mais largamente bebe da fonte aónia?[20]
Quem mais nítida faz soar a lira da gruta de Pimpleia?[21]
 Que seguidor das Piérides é mais amado de Febo?[22]
E se acaso – mas é escassa a esperança – ele próprio tiver tempo,
 roga-lhe que apresente ao imperador os meus versos,
e o tímido e breve livrinho recomende com quatro
 palavras apenas: «Tua Roma o lê».

12
Tudo prometes, quando toda a noite emborcaste;
 de manhã nada dás. Polião, emborca de manhã.

13
Os ricos vêem na zanga, Aucto, uma forma de lucro:
o ódio sai mais em conta que os presentes![23]

14
Usa pouco, te aconselho, o arrebatador corcel,
 e não persigas as lebres, Pisco,[24] com tanta violência.
Muitas vezes o caçador deu a desforra à presa
 e caiu do cavalo fogoso para não mais se levantar.
Até a campina tem ciladas: sem buracos ou elevações
 ou rochas que seja, a planura costuma enganar.

---

[20] Consagrada às Musas (v. n. a VII 22, 2), que Parténio (diz o poeta...) cultivava. V. n. a IV 45, 2. Parténio fora morto em 97, o que permite datar este epigrama de uns anos antes da publicação do Livro XII: pertenceria, assim, ao conjunto dos poemas 'recuperados' para engrossar uma magra recolha preparada em homenagem a Terêncio Prisco (cf. XII 1, 3).
[21] V. n. a XI 3, 1.
[22] Das Musas e de Apolo. V. n. a I 76, 3 e VIII 36, 9.
[23] Cf. III 37.
[24] Terêncio Prisco, caçador compulsivo e temerário. Cf. XII 1, 1-2.

Não faltará quem te ofereça espectáculo de tal sorte;
   alguém cuja queda fará o destino menos odioso.
Se aprecias a grandeza do perigo, aos javalis etruscos
   armemos emboscadas: é coragem de mais resguardo.
Que prazer retiras tu dos freios temerários? É mais fácil,
   Prisco, rebentarem o cavaleiro do que a lebre.

15

Tudo quanto refulgia no palácio parrásio[25]
foi dado aos nossos olhos e aos deuses.
Admirar as esmeraldas cíticas a verdejar no ouro
pode agora Júpiter; e pasmar com os deleites
e dispendiosos jogos do monarca arrogante.[26]
São estas as taças dignas do Tonante,
são estas as dignas do copeiro frígio.[27]
Agora todos, com Jove, partilhamos a fortuna;
mas há pouco – oh! vergonha é confessá-lo –
todos, com Jove, a pobreza partilhávamos.

16

Vendeste, Labieno, três campinhos;
compraste, Labieno, três cinedos:
enrabas, Labieno, três campinhos.

17

Porque é que de ti, Letino, há tantos dias
   se não aparta a febre, perguntas e gemes sem parar.
Contigo se passeia e contigo vai aos banhos;
   janta cogumelos, ostras, tetas de porca, javali;
com sécia e com falerno amiúde se embriaga;
   e não bebe o cécubo, a não ser com água nívea;[28]

---

[25] O palácio de Domiciano, no Palatino. V. n. a VII 56, 1 e 2.
[26] Celebra-se aqui a devolução aos templos das riquezas que Domiciano teria desviado para uso e deleite próprios.
[27] Júpiter e Ganimedes. V. n. a V 55, 1; I 6, 1 e IX 36, 2.
[28] O processo de filtrar o vinho por um passador onde se colocara neve. Cf. XIV 103; 104; 116 e n. a II 1, 10.

coroada de rosas se reclina e negra de amomo,[29]
e dorme entre plumas e numa cama de púrpura.
Se está bem instalada, se vive bem contigo,
como queres que a tua febre vá antes ter com Dama?[30]

18

Enquanto tu vagueias, afanoso talvez
pela Suburra barulhenta,[31] Juvenal,
e gastas a colina da majestosa Diana;[32]
enquanto pelas soleiras dos poderosos
te ventila o suadoiro da toga e erras,
estafado, no Célio maior e no menor:
a mim, há muitos Dezembros almejada,
me acolheu e camponês me tornou
Bílbilis, orgulhosa do ouro e do ferro.[33]
Aqui cultivo, em remanso, com suave labor,
os campos de Boterdo e de Plateia[34] – das terras
celtibéricas estes são os nomes grosseiros –:
gozo de um sono descaradamente longo
que, amiúde, nem a terceira hora quebra,[35]
e agora me desforro por inteiro
de quanto eu não dormi uns bons trinta anos.[36]
A toga nem se conhece, mas dão-me, se a peço,
uma túnica, ali à mão, numa cadeira cambada.
Quando me levanto, acolhe-me o lume – de uma soberba
pilha de lenha do vizinho azinhal –
que a caseira coroa de inúmeras panelas.

---

[29] Cf. V 64, 3-4.
[30] Nome de um mendigo.
[31] V. n. a II 17, 1. É à cansativa Roma e à insuportável vida de cliente que o poeta Juvenal (v. n. a VII 24, 1 e VII 91) continua preso. V. n. a I 55, 6; II 18, 6.
[32] O Aventino, uma das sete colinas de Roma, onde existia um templo a Diana (cf. VI 64, 13). O Célio (v. 6) é outra colina, onde tinham as suas casas muitos dos ricos senhores de Roma.
[33] Cf. X 13 (20), 1; 17 (16), 4 e n. a I 49, 4; IV 55, 11 e 15.
[34] Localidades da Hispânia: cf. I 49, 7 e IV 55, 13.
[35] I.e., três horas depois de o sol nascer.
[36] Que ao menos o poeta tenha conseguido o que, em X 74, 12, dizia ser o seu maior desejo!

Depois vem o caçador, mas daqueles
que gostarias de apanhar no segredo de um bosque;
a dirigir os escravos está um caseiro imberbe
que pede para cortar os cabelos quando longos.[37]
Assim me apraz viver, assim me apraz morrer.

19
Nas termas come alface, ovos, cavala.
    e diz o Emílio que não janta em casa!

20
Queres saber, Fabulo, por que razão não tem
uma esposa o Temisão? Tem uma prima.[38]

21
Que és munícipe, Marcela, do gélido Salão,[39]
    e nascida na nossa terra, quem poderá pensar?
Tão raro, tão fino é o teu gosto! Diria o Palatino,
    se te ouvisse uma só vez, que eras sua habitante.
Não tens rival sequer em plena Suburra[40] nada,
    ou criada que seja na colina do Capitólio;
nem surgirá tão depressa no estrangeiro uma glória
    mais moldada à condição de uma matrona romana.
Que me seja mais branda a saudade da Urbe soberana
    tu ordenas: só tu em mim preenches o lugar vago de Roma.

22
Quão asquerosa é a zarolha Filene
queres que eu te diga em resumo, Fabulo?
Filene, se fora cega, teria mais decoro.

---

[37] A interpretação do passo é incerta. *N.T.*

[38] *Soror* está entendido em sentido obsceno, como em 2.4.3 e 10.65.15. Optámos por traduzir por 'prima', porque, além de se incluir nos significados de *soror*, sugere melhor, em português, a ambiguidade de sentido: como diz o povo, «Quanto mais prima, mais se lhe arrima». *N.T.*

[39] V. n. a X 13 (20) e XIV 33, 2.

[40] V. n. a II 17, 1. Marcela, benfeitora de Marcial (cf. epig. 31), nada e criada na Hispânia, parece, pela sua cultura e carácter, uma romana da melhor e mais genuína cepa.

23

Compraste dentes e cabelo e não te envergonhas.
 Como farás, Lélia, com o olho? Esse não se compra!

24

Ó minha charrete, deliciosa privacidade,
mais grata que uma carroça ou um carro de guerra,
presente que me deu o facundo Eliano.[41]
Aqui, comigo, podes, Juvato, à vontade
dizer tudo o que te vier à cabeça:
não há condutor negro de cavalo líbio,
nem vai à frente um batedor cingido.
Não há cocheiro; os garranos não falarão.
Oh, se aqui tivesse a cumplicidade de Avito,[42]
um terceiro ouvido eu não temeria.[43]
E que bem passado fora todo o dia!

25

Quando sem penhor te peço dinheiro, respondes "Não tenho!";
 mas, se eu der por fiança o meu campinho, já tens.
O crédito que me negas, Telesino, a mim, teu velho amigo,
 vais depositá-lo nas minhas couves e árvores.
Pois olha, Caro[44] acusa-te em tribunal: o meu campinho te assista.
 Buscas companhia para o exílio? O meu campinho te acompanhe.

26 (27)

Que os ladrões te foderam
afirmas tu, Sénia; mas dizem que não os ladrões.

27 (28)

Eu bebo por copos pequenos; tu, Cina, por copos grandes:
 e reclamas, Cina, por não bebermos o mesmo vinho?!

---

[41] Trata-se, talvez, de Caspério Eliano, chefe da guarda pretoriana de Domiciano e Nerva.
[42] O amigo Estertínio Avito, a quem dedicara o Livro IX. V. n. a I 16, 2.
[43] Cf. XI 38.
[44] Métio Caro era um tenebroso delator do tempo de Domiciano. Tal como Bébio Massa (cf. epigr. 28, 2), foi morto no tempo de Nerva.

28 (29)

Hermógenes é tão ladrão de guardanapos, (...),
    quanto, nem Massa[45] foi, julgo eu, de dinheiro;
bem que lhe vigies a direita e lhe segures a esquerda,
    ele há-de arranjar forma de levar o guardanapo:
como o hálito do cervo sorve a serpente fria,[46]
    como Íris eleva as águas que depois hão-de cair.[47]
Enquanto há pouco se intercedia por Mírino ferido,
    foram quatro guardanapos[48] que subtraiu Hermógenes;
quando o pretor ia lançar o pano cheio de greda,[49]
    foi o pano ao pretor que surripiou Hermógenes.
Ninguém levara guardanapo[50] para prevenir os furtos:
    foi a toalha da mesa que surripiou Hermógenes;
e na falta desta, em despojar os leitos do meio[51]
    e os pés das mesas não hesita Hermógenes.
Mesmo que o espectáculo torre sob um sol de rachar,
    recolhe-se o toldo[52] quando chega Hermógenes.
Recolhem à pressa as velas os marinheiros receosos,
    sempre que no porto aparece Hermógenes.
Fogem os calvos cobertos de linho e a turba dos sistros,[53]
    quando entre os fiéis se perfilou Hermógenes,
Para jantar, Hermógenes nunca levou guardanapo,
    mas do jantar sempre traz um Hermógenes.

---

[45] Bébio Massa, senador, procurador da África e da Bética, delator do tempo de Domiciano. Em 93, foi acusado de peculato pelos cidadãos da Bética. Condenado e com os bens indevidamente conseguidos confiscados, cedo recuperou o desafogo que as delações lhe proporcionavam. Só no tempo de Nerva foi justiçado.

[46] Assim se acreditava que era possível fazer sair as serpentes dos seus esconderijos.

[47] Sob a forma de chuva. Íris é a deusa do arco-íris e a mensageira dos deuses. V. n. a IV 19, 10.

[48] Que os espectadores agitavam, pedindo que o gladiador (v. *Spect.* 23, 1) fosse poupado.

[49] Para dar início às corridas no circo, a que o pretor presidia.

[50] Trazido de casa pelos convidados para jantar. V. n. a II 37, 7.

[51] Onde ficava a pessoa de maior distinção (v. n. a VI 74, 1).

[52] Cf. XI 21, 6 e n. a IX 38, 6.

[53] Os sacerdotes do culto de Ísis.

29 (26)

Como gastas, senador, sessenta soleiras de manhã
　　pareço-te eu um cavaleiro negligente,
por não correr pela Urbe desde o raiar da aurora
　　e não regressar a casa exausto de mil beijos.
Mas tu é para juntares novo nome aos anais da púrpura,[54]
　　ou para governares a Numídia ou a Capadócia.
Enquanto eu, a quem obrigas a quebrar o sono a meio
　　e a aguentar com paciência a lama da manhã,
que peço? Se o pé se escapa, errante, do sapato roto,
　　e de súbito cai chuva com um forte aguaceiro,
não acorre à chamada um criado com uma capa;
　　mas chega-se um escravo à minha orelha gelada
e diz: «Letório convida-te para jantares com ele».
　　Por vinte moedas? Não! Prefiro passar fome
a ganhar um jantar, enquanto tu ganhas uma província:
　　é fazer a mesma coisa e não ganhar a mesma coisa.

30

Sem beber, mantém-se sóbrio Apro; que me importa?
É assim que eu louvo um escravo; não um amigo.

31

Este bosque, estas fontes, este rendado da sombra
　　das videiras dobradas, este dúctil riacho de regadio,
os prados e os bíferos rosais não inferiores aos de Pesto,[55]
　　o horto que em Janeiro verdeja em vez de gelar,
as enguias domesticadas que na linfa da represa nadam,
　　a torre branca que contém as aves da mesma cor –
são dons da minha senhora: de regresso, após sete lustros,
　　recebi de Marcela esta casa com um pequeno reino.
Se Nausícaa me concedesse os jardins de seu pai,
　　a Alcínoo[56] eu poderia dizer: «Prefiro os meus».

---

[54] Para ser cônsul e ver o seu nome registado nos fastos. V. n. a XI 4, 6.
[55] V. n. a IV 42, 10.
[56] O rei dos Feaces. V. n. a IV 64, 29 e VII 42, 6.

32

Ó vergonha das calendas[57] de Julho,
eu vi, Vacerra, os teus trastes, vi;
que, expulsos, à falta de um biénio de renda,
levava a tua mulher ruiva de sete cabelos
e a tua mãe branca com a tua irmã enorme.
Julguei ver Fúrias das trevas de Dite[58] emersas.
Atrás delas, tu, seco do frio e da fome
e mais pálido que um ramo de buxo morto,
lá seguias como um Iro[59] dos teus tempos.
Mais parecia que a ladeira de Arícia[60] se mudava.
Ia um leito com três pés e uma mesa com dois
e, junto com uma lucerna e um copo de corno,
mijava um bacio partido pela parte esbeiçada;
sob um fogareiro verde, o gargalo de uma ânfora;
denunciava anchovas ou espadilhas estragadas,
o odor fétido que emanava de um pote,
tal que nem o cheiro de um viveiro marinho.
E não faltava um quarto de queijo de Tolosa,
nem uma coroa de poejo, negro de quatro anos,
nem restes calvas de alhos e cebolas,
nem a panela da tua mãe, cheia da vil resina
com que se depilam as mulheres do Sumémio.[61]
Porque procuras casa e zombas dos gerentes,
quando poderias, Vacerra, habitar de graça?
Tal cortejo de trastes fica a matar numa ponte.[62]

---

[57] Dia de pagamentos e de cobranças, algumas, como esta, compulsivas...

[58] Deus do mundo subterrâneo, assimilado a Plutão, deus dos infernos. As Fúrias são génios desse mesmo mundo, identificadas com as Erínias gregas (Alecto, Tisífone e Megera), que se representavam com serpentes nos cabelos.

[59] O mendigo que surge na *Odisseia* a tentar expulsar Ulisses (que ainda não se deu a conhecer) do seu próprio palácio. V. n. a V 39, 9.

[60] Rua de mendigos... Cf. II 19, 3.

[61] Bairro das prostitutas em Roma. Cf. XI 61, 2 e n. a III 82, 2.

[62] Cf. X 5, 3.

33
Para comprar rapazinhos vende Labieno os jardins:
agora não tem senão um figueir(an)al.⁶³

34
Trinta e quatro colheitas passei eu
contigo, se bem me lembro, Júlio:⁶⁴
uma mistura de prazeres e amargores,
mas as alegrias foram mais sem dúvida;
e se, pedrinha aqui, pedrinha ali,
formassem dois grupos de cores distintas,
a série das brancas venceria a das mais negras.⁶⁵
Se queres fugir a certos dissabores
e prevenir as funestas mordeduras da alma,
não te ligues pelo afecto a ninguém em demasia:
terás menos alegrias e menos sofrimentos.

35
Para mostrares a franqueza, Calístrato, que tens comigo,
    costumas dizer amiúde que levas no cu.
Não és tão franco, Calístrato, como queres alardear.
    Pois quem tal confessa, muito mais há-de calar.

36
Dás quatro ou só duas libras a um amigo,
uma fria toga e uma capa curta,
acaso moedas de ouro a tilintar na mão,
que para dois meses podem bastar:
apesar de ninguém senão tu, Labulo, dar isto,
não és, vai por mim, generoso. Que és então?
Para falar verdade, és o melhor dos avaros.
Dos Pisões e dos Sénecas e dos Mémios

---

⁶³ Como se trata de um jogo sobre o significado de *ficus, -i* ('figo' e 'hemorróide'), optámos por uma tradução ambígua de *ficetum*. Cf. I 65; IV 52. *N.T.*
⁶⁴ Júlio Marcial. Cf. X 47.
⁶⁵ Cf. X 38, 5 e n. a IX 52, 5.

e dos Crispos[66] devolve-me os mais antigos:[67]
tornas-te logo o último dos generosos.
Queres gabar-te da velocidade dos pés?
Vence o Tigre e o ligeiro Passerino.[68]
Não há glória em triunfar dos asnos.

37
Queres parecer um tipo de um bom nariz.
Eu quero um tipo de bom nariz, não um pencudo.[69]

38
Esse que passa de noite e dia em cadeiras femininas,
    (...)
que avança, bem conhecido da cidade inteira,
brilhante do cabelo, moreno do unguento, luzidio da púrpura,
    glicodoce no falar, peito liso, pernas depiladas,
que amiúde se cola à tua mulher, qual confidente atrevido,
    não há que temê-lo, Cândido: esse não fode.

39
Odeio-te porque és um tipo belo, Sabelo.
É coisa fedorenta um tipo belo,[70] e Sabelo.
Em suma, prefiro um tipo belo a Sabelo.
Um sumiço te leve, Sabelo, e em beleza.

40
Se mentes, acredito; recitas maus versos, aplaudo;
    cantas, eu canto; bebes, Pontiliano, eu bebo;

---

[66] Poderá tratar-se de Víbio Crispo (v. n. a IV 54, 7), embora pareça estranho que Marcial evoque uma figura de tão duvidosa moralidade a par de nomes como os de Séneca (e, de modo mais amplo, toda a família deste), Calpúrnio Pisão (v. n. a IV 40, 1 e 2) e Mémio (talvez Mémio Régulo, cônsul em 63).

[67] A serem justas todas as identificações da nota anterior, todos os nomes, usados por antonomásia, são de patronos do tempo de Nero.

[68] Os cavalos de corrida evocados em VII 7, 10.

[69] Jogo com o duplo sentido de *nasutus*: 'narigudo' e 'que tem sentido crítico'. Cf. I 3, 6.

[70] Para o significado de *bellus* que justifica a asserção, v. n. a I 9, 1.

peidas-te, disfarço; queres jogar xadrez, deixo-te vencer;
há uma coisa que fazes sem mim, e eu calo-me.
No entanto, nada me dás. «Quando eu morrer», prometes,
«hei-de tratar-te bem». Não quero nada; mas morre!

41
Não te basta, Tuca, seres guloso:
queres que o digam e queres parecê-lo.

42
O barbudo Calístrato desposou o robusto Afro
    segundo a lei que une uma donzela a um homem.
Acenderam-se tochas, cobriu-se o rosto com o véu,
    e nem te faltaram os teus cantos, Talassião.[71]
Fixou-se até o dote. Não te parece, Roma,
    que já chega? Esperas, se calhar, que ele até dê à luz?[72]

43
Dos teus versos obscenos,
me leste alguns, Sabelo, por demais eruditos
que nem conhecem as meninas de Dídimo,[73]
nem os livros lascivos de Elefântis.[74]
Neles descreves novas posições de Vénus,
a que se atrevem fodilhões dos piores,
e que os promíscuos consentem e calam:

---

[71] Isto é: cumprindo todo o ritual das *nuptiae*: houve tochas a acompanhar o cortejo, a 'noiva' envergou o *flammeum*, o véu de cor alaranjada, entoaram-se os cânticos (licenciosos) a Talássio ou Talassião, deus romano do casamento (por vezes identificado com Himeneu), enquanto 'ela' se dirigia a casa do 'marido'. Cf. IV 13, 2.

[72] Reforça a ideia de que este 'casamento' tenha como motivo as núpcias celebradas por Nero com o liberto Pitágoras (cf. XI 6, 10) o facto de ter ficado também na memória de todos a vergonha de ver Nero, como actor, a desempenhar papéis trágicos como o de Cânace (v. n. a XI 91, 1) em trabalho de parto.

[73] Algum 'empresário da noite' ou traficante de escravas para fins sexuais. Cf. III 31, 6.

[74] Poetisa grega cujos poemas eróticos Tibério usava, entre outros artifícios, para acender os embotados sentidos, no fim da vida, nos jogos sexuais em que se ocupava no seu retiro em Cápreas (Capri). É Suetónio quem o conta (*Tib*. 43, 2).

como fazer *ménages* de cinco,
como encadear um grupo maior,
tudo o que é lícito até a luz se apagar.
Não era caso para tanta eloquência.

44

Único, nome a mim ligado por laços de sangue,
   cujo coração tem no afecto afinidade com o meu,
faças embora versos só inferiores aos do teu irmão,
   não é menor o teu engenho, mas maior a devoção.
Lésbia te poderia amar com o gracioso Catulo,
   a meiga Corina te poderia seguir depois de Nasão.[75]
Não te faltariam os Zéfiros, se quisesses velejar,
   mas tu amas a costa. Até nisto tens o pendor do teu irmão.

45

Já que uma pele de bode te cobre
as fontes e o alto da careca lisa,
teve graça, Febo, quem disse
que trazias a cabeça calçada.

46 (47)

És difícil e fácil, alegre e amargo ao mesmo tempo:
   não posso viver contigo... nem sem ti.

47 (46)

Galo e Luperco vendem os poemas.
Diz lá agora, Clássico, que os poetas são tolos!

48

Se me serves cogumelos e javali como banais,
   e não os consideras os meus sonhos, aceito;
mas se pensas fazer-me feliz, e meu herdeiro
   queres ser por cinco ostras do Lucrino,[76] adeus.

---

[75] Lésbia, o nome sob o qual Catulo cantou a sua amada; Corina, a 'musa' das elegias de Ovídio. V. n. a V 10, 10.

[76] As mais procuradas. Cf. III 60, 3; VI 11, 5; XIII 90.

Livro XII

O jantar é opulento, confesso, opulentíssimo, mas amanhã,
 nada será; mesmo hoje, já a seguir, é nada;
bem o sabe a infeliz esponja de uma haste ultrajada[77]
 ou um qualquer cão ou bacio à beira do caminho.[78]
É este o fim dos salmonetes, das lebres e tetas de porca,
 e uma tez cor de enxofre e um verdugo nos pés.[79]
A tal preço não me fica uma orgia albana,[80]
 nem um banquete capitolino e dos pontífices.[81]
Até o néctar com que um deus me penhorasse azedo se tornaria
 e pérfida zurrapa de uma pipa do vaticano.[82]
Procura outros convidados para os jantares que reges
 a quem seduza a arrogância do reino da tua mesa:
convide-me o meu amigo para um petisco de improviso.
 Agrada-me o jantar que eu possa retribuir.

49

Lino, pedagogo da turba cabeluda,[83]
a quem chama dono de seus bens
a rica Postumila, e a quem confia
gemas, ouro, vinhos, amantes:
assim, provada tua firme lealdade,
a tua patrona não prefira outro:
mas acode, te peço, a esta infeliz paixão
e descura um pouco a guarda
dos que me abrasam o coração:
aqueles que, noite e dia, anseio
por apanhar no meu regaço,

---

[77] Com que se fazia a limpeza após evacuar.

[78] Para recolher a urina dos transeuntes. V. n. a VI 93, 2.

[79] A gota, provocada pelo excesso de ácido úrico. Quando a doença ataca as articulações dos pés, recebe o nome de podagra, termo grego que também designava uma armadilha que prendia o animal pelos pés (de πούς 'pé' e ἀγρέω 'capturar, apoderar-se de').

[80] Como as que Domiciano fazia na sua *uilla* de Alba. Cf. V 1, 1 e XI 7, 4.

[81] Os banquetes dados em honra de Júpiter Capitolino e oferecidos pelo colégio dos Pontífices, de proverbial sumptuosidade.

[82] Cf. X 45, 5 e n. a I 18, 2.

[83] De jovens que ainda não cortaram o cabelo, logo, que é lícito ao poeta cobiçar. Cf. I 31.

belos, níveos, iguais, gémeos,
grandes – não rapazes, mas pérolas.

50

Áleas de louros, de plátanos e de elevados pinheiros
  e banhos colectivos tu possuis sozinho,
e tens um alto pórtico sobre cem colunas
  e o ónix te brilha calcado sob os pés,
e no poento hipódromo ressoam cascos velozes,
  e flui por todo o lado o cantar de água corrente;
átrios se estendem imensos. Mas não há sítio para jantar,
  e nem para dormir. É em grande que não habitas!

51

Que o nosso Fabulino seja constantemente enganado
admiras-te, Aulo? Um homem bom é sempre um caloiraço.

52

Costumava cingir as têmporas com a coroa piéria[84]
  e os receosos réus também lhe louvavam a voz;
jaz agora aqui, Semprónia, esse teu querido Rufo,
  do qual até as cinzas se abrasam de amor por ti.
Conta-se nos Campos Elísios o teu romance de amor,
  e mesmo a filha de Tíndaro[85] se admira do teu rapto:
tu agiste melhor e regressaste, abandonando o raptor;
  ela nem requestada quis seguir o marido.[86]
Ri Menelau ao ouvir contar histórias de amores ilíacos:[87]
  um rapto como teu absolve o frígio Páris.
Quando te receber um dia a alegre morada dos ditosos,[88]

---

[84] Das Musas. V. n. a I 76, 3. Rufo era, pois, poeta e advogado (v. 2).

[85] Helena, raptada pelo troiano Páris a seu marido, Menelau. V. n. a I 62, 6 e IX 103, 4.

[86] Não será exactamente essa a imagem que resulta da actuação de Helena que, em certos momentos, colaborou com os Gregos de forma a permitir-lhes a vitória e que, por fim, regressou com o primeiro marido a Esparta, onde parece terem sido muito felizes e ela uma mulher de virtude exemplar.

[87] Ílio ou Ílion = Tróia (de Ilo, rei fundador de Tróia).

[88] Os Campos Elísios, onde já está o marido, Rufo.

não haverá na mansão estígia[89] uma sombra mais famosa.
Prosérpina, sem maus olhos, ama as mulheres raptadas:
este amor te dará acesso ao da rainha dos infernos.[90]

53
Tens tanto em dinheiro e em riquezas,
quanto raros cidadãos possuem, Paterno,
mas nada dás e jazes sobre o tesouro,
como o grande dragão cantado pelos poetas
que estava de guarda ao bosque cítico.[91]
Ora a razão, dizes tu mesmo e repetes,
é a rapacidade terrível do teu filho.
Acaso procuras tolos e ingénuos
a quem iludas e dês a volta à cabeça?
Daquele vício foste tu sempre o pai.

54
Cabelo ruivo, tez escura, um pé curto, um olho ferido,
    seria um milagre, Zoilo, se fosses um tipo honrado.[92]

55
Quem vos manda dá-la de graça, ó moças,
é o mais imbecil e indecente dos homens.
Não a dêem de graça, beijem de graça.
Até beijos Egle recusa; até beijos a avara vende.
Pois que venda: beijar bem quanto não vale!
Vende-os também e não com pequeno lucro
– uma libra de perfume de Cosmo[93] pede ela
ou duas vezes quatro moedas das novas –,
para não serem beijos mudos, nem avaros,
e para os lábios fechados não barrarem o acesso.
Só há uma coisa em que é generosa:

---

[89] V. n. a I 78, 4.
[90] Porque também ela fora raptada por Plutão. V. n. a III 43, 3.
[91] Vigiava o Velo de Ouro (v. n. a VI 3, 6; VIII 28, 20), que Jasão acabou, com a ajuda de Medeia, por conquistar.
[92] Segundo o que ditavam as leis da fisiognomonia, a aparência física era reflexo do carácter.
[93] V. n. a XI 8, 9.

embora de graça recuse beijar,
Egle de graça não recusa chupar.

56
Adoeces dez vezes ou mais em um só ano,
   e não és tu, Policarmo, mas nós é que sofremos:
aos amigos pedes presentes cada vez que melhoras.
   Tem lá vergonha, Policarmo: adoece de uma vez.

57
Porque busco amiúde o recanto árido de Nomento
e o humilde lar da minha quinta – queres saber?
Para pensar, Esparso, ou para descansar
na Urbe o pobre não tem lugar. Não o deixam viver,
de manhã, os professores; à noite, os padeiros;[94]
os martelos dos fundidores, o dia inteiro;
aqui, ocioso, bate na mesa avara
um cambista com um maço de moedas de Nero;
ali um batedor de areia de ouro hispânico
percute a pedra gasta com um bastão brilhante;
e não se calam, inspirados, os seguidores de Belona,[95]
nem o verboso náufrago de peito enfaixado,[96]
nem o pedinte judeu pela mãe industriado,[97]
nem o rameloso vendedor de fósforos de enxofre.[98]
Quem puder contar os óbices a um sono descansado
poderá dizer quantas mãos batem no bronze pela cidade,
quando o fuso da Cólquida fustiga a Lua eclipsada.[99]

---

[94] Os professores, com os seus habituais gritos e castigos (cf. V 84, 2; X 62); os padeiros a fazerem, por exemplo, os bolinhos que os miúdos comprariam na manhã seguinte, no caminho para a escola. Cf. XIV 223.

[95] Belona, deusa romana da guerra, parece ser aqui confundida pelo poeta com Cíbele, cujos sacerdotes faziam a algazarra que evoca em V 41, 3 e XI 84, 4.

[96] Que procura impressionar os transeuntes com os seus (talvez fingidos) ferimentos, levando-os a dar esmola.

[97] Apontamento negativo e certeiro contra os Judeus: a mendicidade a que se entregavam, desde crianças, instigados e instruídos pelas próprias mães. Cf. XI 94.

[98] V. n. a I 41, 4.

[99] Os eclipses, dizia-se, eram motivados pelas feiticeiras, que para isso se serviam de um fuso (*rhombus*). Ora, Medeia (cuja pátria era a Cólquida: v. n. a III

Tal não sabes tu, Esparso, nem podes saber,
entregue aos prazeres dos domínios de Petílio,[100]
numa suave mansão com vista para o alto dos montes;
tens um campo na cidade e um vinhateiro romano,
e não há melhor vindima na colina de Falerno;
dentro das extremas há o largo giro de um carro,
e, no interior, o sono descansado sem perturbação
de vozes, e nem o dia entra, se não for admitido.
A mim acorda-me o afã da multidão que passa,
e tenho Roma à cabeceira. Moído da chatice,
se me apetece dormir, lá vou até à quinta.

58
Diz tua mulher que te atiras às escravas, enquanto ela
 se atira aos lecticários: estão, Alauda, um para o outro.

59
Dá-te tantos beijos Roma mal regressas,
após quinze anos de ausência,
quantos nem a Catulo deu Lésbia.[101]
Beija-te toda a vizinhança e, peludo,
te oprime o vilão com um beijo de bode;
daqui te assalta o tecelão, dali o lavandeiro;
daqui o sapateiro que beijou há pouco a pele;
daqui o portador de um queixo contagioso,
daqui o estropiado, dali o ramelso,
e o brochista e o que minetes fez há pouco.
Ganhavas bem mais em não voltar!

58, 16) era a feiticeira por excelência. Para contrariar tal magia, batia-se em objectos de bronze. Cf. IX 29, 9.

[100] Poderá tratar-se de Sexto Júlio Esparso, cônsul sufecto em 88, dono desta fabulosa propriedade em que, embora dentro de Roma, se usufruía do maior sossego. A casa teria pertencido anteriormente a Petílio (possivelmente Petílio Cereal, governador da Britânia em 71).

[101] Cf. VI 34, 8 e XI 6, 14-15.

60

Ó dia filho de Marte, em que eu primeiro vi
 a rósea luz e o grande rosto do astro divino,
se tens pejo de ser celebrado no campo, junto a verdes altares,
 já que eu antes te celebrava na Urbe do Lácio,
perdoa-me não querer ser escravo das minhas calendas
 e desejar viver bem no dia em que nasci.
Empalidecer no aniversário para que a Sabelo não falte
 água quente; e, para que Alauda beba claro o vinho puro,
passar o turvo cécubo por um filtro afanoso,[102]
 e andar num vaivém por entre as suas mesas,
ir receber este e aquele e passar de pé todo o jantar,
 a pisar o mármore mais frio que o gelo?
Para quê teimar em suportar de moto próprio
 o que recusarias se to ordenasse o teu rei e senhor?[103]

61

Versos e um carme breve e acutilante
temes que eu contra ti escreva, Ligurra,
e desejas tu parecer digno de tal receio.
Mas é vão o teu medo, é vão o teu desejo.
É contra os touros que os leões líbios rugem,[104]
para as borboletas não são perigosos.
Procura, te aconselho, se queres ter o nome escrito,
um poeta bêbedo de uma taberna escura,
que, com o tosco carvão e o quebradiço giz,
escreve versos lidos por quem está a cagar.
Não há-de a tua fronte com o meu selo ser marcada.

62

Ó grande rei do céu antigo e do mundo anterior
 sob quem a quietude era ociosa sem sombra de trabalho;

---

[102] Água quente para 'cortar' o vinho; filtros para o coar (v. n. a XII 17, 6).

[103] O poeta celebra o seu aniversário (cf. IX 52, 3; X 24, 1; 92, 10), pela primeira vez longe de Roma e livre da escravidão dos deveres de cliente e dos caprichos dos patronos despóticos e egoístas. V. n. a X 10, 5.

[104] Imagem das *uenationes* no anfiteatro.

nem violência tirânica nem homens dignos de violência;
  o solo não era cavado até aos Manes, mas rico por si só.[105]
Vem contente e benigno à alegre festa de Prisco:[106]
  é mister que tu assistas aos teus sacros rituais.
Tu, óptimo pai, o restituis à pátria, passados seis Invernos,
  regressado da Urbe latina do pacífico Numa.[107]
Vês que iguala o mercado ausónio a abundância de comida
  que está pendurada e quanta honra te é dedicada?
Quanta liberalidade em fichas sobre a larga mesa,[108]
  quantas riquezas para ti, Saturno, são contadas?
E, para ser maior o valor e a graça destes méritos,
  é pai e moderado quem assim celebra os teus ritos.
Mas tu, ó santo – assim em Dezembro sejas sempre amado –,
  manda-lhe amiúde mais dias como este.

63

Ó Córdova, mais rica que o azeitado Venafro,[109]
e não menos perfeita que uma talha da Ístria,
que superas as ovelhas do branco Galeso,[110]
não pela falsidade da púrpura ou do sangue,
mas pela cor viva que tinge os rebanhos:[111]
manda, por favor, o teu poeta ter vergonha

---

[105] Invocação de Saturno, sob cujo reinado se vivera a Idade de Ouro, quando não era necessário trabalhar, quando não havia guerra, nem violência, nem crimes, quando a riqueza abundava sem ser preciso esventrar a terra, quando imperava a alegria. Era esse deus e esse tempo mítico que se celebravam nas Saturnais (v. n. a II 85, 2). Recorde-se que Saturno foi destronado por seu filho Júpiter. Daí o v. 1 do poema.

[106] Terêncio Prisco, regressado de Roma à Hispânia, após seis anos de ausência, é homenageado numa festa que seu pai (v. 14) preparou e Marcial celebra. Cf. XII *epist.*

[107] Cf. X 76, 4. Numa era, em Roma, associado a uma 'segunda idade do ouro', porquanto o seu longo reinado se pautou pela paz e pela tónica posta na religião e na cultura.

[108] Para o sorteio de presentes como os do Livro XIV.

[109] Sobre a qualidade do azeite aí produzido, cf. XIII 101. O da Ístria (península a NE do mar Adriático), porém, não lhe ficaria atrás (v. 2).

[110] V. n. a II 43, 3.

[111] Cf. I 96, 5; IV 28, 2; IX 61, 3. *Corduba* ficava na Bética.

para que os meus versos não recite de graça.
Eu suportaria, se ele fosse poeta dos bons
a quem eu dar pudesse uma dor igual.
Não teme a vingança um mulherengo solteiro,
um cego não pode perder o que pode tirar a outrem.
Nada é pior que um ladrão despojado:
quem tem menos a temer é o mau poeta.

64
Entre os escravos róseos, o de mais bela face e cabeleira
    Cina fê-lo cozinheiro. Cina é um tipo guloso.[112]

65
Depois de usufruir toda a noite da formosa Fílis,
que, generosa, se entregou de mil maneiras,
quando eu cogitava que presente ofereceria,
se uma libra de perfume de Cosmo ou de Níceros,[113]
se um bom pedaço de lã da Bética,[114]
ou dez moedas de ouro da cunhagem de César,
Fílis, abraçada ao meu pescoço num longo beijo,
com blandícias tais como os casais de pombas,
pôs-se a pedir-me uma ânfora de vinho.

66
Compraste uma casa por cem mil sestércios,
    que desejas vender por preço inferior que seja.
Mas tu, Ameno, enganas o comprador com trapaças
    e a barraca pretensiosa esconde riquezas.
Brilham os leitos requintados de incrustações de tartaruga,
    e há pesadas mesas de raro cedro mauritano,[115]
e uma trípode não simples mostra as pratas e os ouros;
    e perfilam-se servos que eu queria ter por senhores.

---

[112] Prefere os prazeres da mesa aos que o escravo, noutras dependências da casa, lhe poderia dar.
[113] V. n. a XI 8, 9 e X 38, 8.
[114] V. n. a I 96, 5.
[115] Cf. XIV 87 e 89.

Depois pedes duzentos mil e dizes que não é menos.
Assim equipada, Ameno, vendes a casa barata.

67

Vós, idos de Maio, criastes Mercúrio;[116]
pelos idos de Agosto se festeja Diana;[117]
os idos de Outubro consagrou-os Marão.[118]
Que repitas muitas vezes umas e outras festas,
tu que celebras os idos do glorioso Marão.[119]

68

Cliente matutino, razão do meu abandono da Urbe,
    frequenta, se és esperto, os átrios faustosos.
Não sou advogado nem dado a amargos litígios,
    mas um preguiçoso e velho companheiro das Piérides.[120]
Agrada-me o sossego e o sono que a grandeza de Roma
    me negava então: regresso, se nem aqui posso dormir.

69

Como os teus quadros e os teus copos, Paulo,
assim os teus amigos são todos autênticos.

70

Quando há pouco um servo cambaio levava a toalha de Apro
    e, de guarda, uma velha zarolha se sentava na mísera toga
e um massagista herniado lhe aplicava uma gota de óleo,[121]
    era ele um austero e azedo censor dos beberrões:
clamava que se deviam partir os copos e derramar o falerno
    que um cavaleiro bebia depois de tomar banho.

---

[116] Filho de Maia e Júpiter, fora-lhe dedicado um templo no Aventino, em 15 de Maio (os idos: v. n. a III 6, 2) de 495 a.C.

[117] O templo de Diana, também no Aventino, ter-lhe-ia sido consagrado em 13 de Agosto, num ano do reinado de Sérvio Túlio (séc. VI a.C.).

[118] Vergílio nasceu no dia 15 de Outubro do ano 70 a.C.

[119] O epigrama poderá ter como destinatário Sílio Itálico (cf. XI 48; 50).

[120] Das Musas. V. n. a I 76, 3.

[121] Cena dos banhos públicos.

Mas depois que um velho tio lhe deixou trezentos mil sestércios,
das termas para casa já não sabe tornar sóbrio.
O que valem os copos lavrados e os cinco jovens cabeludos![122]
Na altura em que era pobre, Apro não tinha sede.

71

Nada há que eu te peça que tu, Ligdo, me não negues:
quando outrora nada havia que tu, Ligdo, me negasses.

72

Depois que compraste umas jeiras, ocultas entre os túmulos,
    e um tecto apoiado numa barraca mal construída,
deixaste, Pânico, as lides urbanas, a tua real possessão,
    e o modesto mas certo ganho da tua toga puída.
O trigo, o milho, a cevada e a fava que costumavas vender
    quando eras jurista, compras agora, que és agricultor.

73

Dizes-me, Catulo, que eu serei teu herdeiro.
Não acredito, Catulo, se o não vir preto no branco.

74

Enquanto a frota do Nilo te traz os cristais a caminho,
    aceita estes copos do circo Flamínio.[123]
É maior destemor enviar-te estes ou aqueles presentes?
    Aos de ornamento barato assiste esta vantagem:
nenhum ladrão cobiça, Flaco, o seu cinzelado,
    e não os estraga a água demasiado quente.
E o facto de o conviva beber sem cuidados para o copeiro
    e de as mãos trémulas não recearem deixá-los cair?[124]
Há mais uma coisa importante: com estes brindarás,
    se no fim tiveres, Flaco, de partir o cálice.

---

[122] Cf. XII 49, 1.

[123] I.e., comprados na região (a IX) de Roma, onde ficava o circo Flamínio; e também os Septa, com todas as suas lojas. Cf. IX 59; X 80; 87, 9-10.

[124] V. n. a XI 11, 2 e XIV 94; 109.

75

Corre Politimo atrás das moças;
a custo Himno se confessa rapaz;
Secundo tem as nádegas de glande saciadas;
Díndimo é maricas sem o desejar;
poderia Anfíon ter nascido rapariga.
Destes, os caprichos e a altivez
e o sentido desdém eu prefiro, Avito,
a um dote de um milhão de sestércios.[125]

76

Vinte asses vale uma ânfora; e um módio, quatro:
  ébrio e a abarrotar, o agricultor nada tem.

77

Ao saudar Júpiter com assíduas preces,
inclinado para trás até à ponta dos pés,
Etão largou-se em pleno Capitólio.[126]
Todos se riram, mas o pai dos deuses
por tal ofensa condenou o cliente
a jantar em casa durante três noites.[127]
Após tal vergonha, o infeliz Etão,
quando ao Capitólio se quer deslocar,
às latrinas de Patérclio se dirige primeiro,
para aí largar dez ou vinte petardos.
Mas, apesar da estrepitosa precaução,
saúda Júpiter com as nádegas apertadas.

78

Nada escrevi contra ti, Bitínico. Não queres acreditar
  e obrigas-me a jurar? Antes quero saldar a dívida.[128]

---

[125] Quantia suficiente para, no censo, se ser inscrito na ordem senatorial. Avito (v. 7) é o amigo Estertínio Avito (v. n. a I 16, 2).

[126] No templo a Júpiter Capitolino.

[127] I.e., a passar fome durante três dias, não conseguindo 'cravar' o jantar a ninguém.

[128] E escrever mesmo o poema contra Bitínico, o que, afinal de contas, não deixa de ser uma obrigação... Em tribunal, o réu era intimado pelo queixoso a jurar que não era culpado. Se o não quisesse fazer, tal significava que admitia a justeza da acusação.

79

Dei-te muitos presentes que me pediste;
dei-te mais presentes do que me pediste:
continuas todavia a pedir sem parar.
Quem a nada diz que não, Aticila, acaba a fazer broches.

80

Para não louvar quem merece, Calístrato louva toda a gente.
Para quem ninguém é mau – quem poderá ser bom?

81

Nos dias de Inverno pela festa de Saturno,
Umbro, que era pobre, oferecia-me galochas;
agora oferece um galão, pois já se tornou rico.[129]

82

Nas termas e à volta dos banhos, é impossível evitar
  Menógenes, mesmo que com toda a astúcia o queiras.
Vai buscar a bola[130] tépida com a direita e a esquerda
  para contar a teu favor as bolas apanhadas.
Vai recolher e trazer-te a bola mole do meio do pó,
  mesmo já lavado, já calçado que seja.
Se pegas nas toalhas, dirá que são mais brancas que a neve,
  mesmo que mais sujas que o bibe de um menino.
Penteias os cabelos ralos com um pente de marfim;
  ele dirá que compões a tua cabeleira de Aquiles.[131]
Dar-te-á a beber ele próprio borra de uma ânfora fumosa
  e limpará sem cessar o suor da tua fronte.

---

[129] O jogo de palavras «galochas» / «galão» tenta substituir o jogo, intraduzível em português, entre *alicula* (mantinha ligeira) e *alica* (bebida preparada à base de cevada), em que o primeiro termo parece um diminutivo do segundo e, em consequência, um objecto de menor valor, quando na realidade a proporção é a inversa. Com a solução apresentada procurámos manter também a proximidade entre os respectivos referentes: respectivamente uma peça de uso pessoal e uma bebida comum. *N.T.* V. n. a II 85, 2.

[130] O *trigon*. A bola referida no v. 5 é o *follis*. V. n. a IV 19, 7.

[131] V. n. a V 48, 6.

Tudo há-de louvar, há-de admirar tudo, até que...
tu, farto já de mil chatices, lhe digas «Anda jantar!».[132]

83

Fabulo, o caçoador de hérnias,
terror ainda há pouco de todos os colhões,
por lançar contra os tomates inchados
ataques que nem dois Catulos lançavam,[133]
de repente, nas termas de Nero[134]
se viu, o infeliz, e passou a estar calado.

84

Quisera eu, Politimo, não atentar contra os teus cabelos,
   mas é facto que me agrada ter cedido às tuas preces.[135]
Assim, qual Pélops de cabelo recém-cortado, e tão brilhante
   do corte, aos olhos da noiva serias todo marfim.[136]

85

Da boca dos paneleiros dizes que sai um pivete.
Se é verdade o que afirmas, Fabulo,
como pensas que é o hálito dos que fazem minetes?

---

[132] V. n. a XI 77, 3.

[133] Catulo, o poeta que cantou Lésbia, não poupou em outros poemas os seus rivais e inimigos, alguns dos quais gente da maior influência, como o próprio Júlio César. Mas a alusão poderá antes ser ao mimógrafo Catulo (v. n. a V 30, 4).

[134] De águas bem quentes! Cf. II 48, 8; III 25, 4; VII 34, 5.

[135] Politimo, tal como Encolpo (cf. I 31; V 48) e Eárino (cf. IX 16; 17; 36), chega à idade adulta. Mas o corte do cabelo ainda o tornou mais apetecível aos olhos do seu senhor. Cf. VII 29, 3.

[136] Para experimentar a omnisciência dos deuses, Tântalo serviu-lhes num banquete o seu próprio filho, Pélops. Deméter, mergulhada em desgosto porque o deus dos infernos lhe raptara a filha, começou a comer, mas os outros deuses aperceberam-se do facto e devolveram o corpo e a vida a Pélops. Só ficou a faltar um ombro, que Deméter comera. Foi substituído por uma 'prótese' em marfim. Tântalo, é sabido, foi condenado a um castigo eterno e terrível: com os mais belos frutos e a mais fresca água ao alcance das mãos, tudo lhe fugia quando procurava agarrar o que lhe matasse a fome e a sede. Politimo, de cabelo cortado e pele lisinha, parece todo ele feito de marfim.

86

Tens trinta rapazinhos e outras tantas raparigas
e um só vergalho apenas que já não se levanta. Que podes tu
[fazer?

87

Duas vezes se queixou Cota de os sapatos ter perdido
por levar junto de si um escravo negligente,
o único servo e o cortejo de um patrão indigente.[137]
Tratou de inventar – tipo esperto e sabido –
modo de evitar repetir o mesmo azar:
passou então a ir descalço para o jantar.

88

Tongiliano tem nariz: bem o sei, não o nego.
Mas a verdade é que só tem nariz, mais nada.[138]

89

Se envolves a cabeça em panos de lã, Carino,
não te doem os ouvidos, dói-te a falta de cabelo.

90

Fez Marão em alta voz um voto por um velho amigo,
    que enfermava gravemente de febre semiterçã:
que se a doença o não o mandasse para as sombras do Estige,[139]
    imolaria ao grande Jove uma vítima agradável.
Passaram então os médicos a dar como certa a cura.
    Agora Marão faz votos para não cumprir o voto.

91

Se partilhas, Magula, com o teu marido
quer a cama, quer o amásio,

---

[137] Para a *cena*, tiravam-se os sapatos, que eram guardados pelo escravo que acompanhava o seu senhor (v. n. a II 37, 8). Cf. III 50, 3.
[138] Cf. XII 37.
[139] V. n. a I 78, 4.

diz-me porque não partilhas o copeiro.
Suspiras; a razão é que tens medo da garrafa.[140]

92
Costumas perguntar amiúde, Prisco,[141] que tipo seria eu,
    se me tornasse de repente homem rico e poderoso.
Crês que alguém pode prever o seu carácter futuro?
    Se te tornasses um leão, diz-me que tipo serias?

93
Um meio de beijar o amante
nas barbas do marido foi o que arranjou Labula.
Beija sem parar o seu pequeno bobo;
este, molhado de muitos beijos, é arrebatado
pelo amante, que, encharcando-o dos seus,
o reenvia de imediato à sorridente patroa.
Quanto maior bobo não é este marido!

94
Uma epopeia eu escrevia; começaste tu também: parei,
    não fossem os meus versos rivalizar com os teus.
Mudou-se a minha Talia[142] para o coturno trágico:
    adoptaste também tu o hábito longo[143] de cena.
Toquei as cordas da lira polidas pelas Camenas da Calábria:[144]
    tu roubas, ambicioso, este meu novo plectro.
Atrevo-me a fazer sátiras: curas tu de ser Lucílio.[145]
    Ensaio as elegias leves : também tu ensaias o mesmo.
Que pode ser mais humilde? Encetei os epigramas:
    e até mesmo aqui a minha palma já cobiças.
Escolhe o que não queres – tudo querer é vergonha –
    e se algo houver que não queiras, Tuca, deixa-o para mim!

---

[140] Do veneno que o marido lá podia mandar pôr.
[141] Terêncio Prisco. Cf. VIII 45; XII *epist.*; 1; 3; 14; 62.
[142] I.e., 'dediquei-me à poesia lírica, escrevi odes como as de Horácio' (v. n. a V 30, 2). Sobre as Camenas, v. n. a III 68, 6.
[143] O *syrma*. V. n. a IV 49, 8.
[144] V. n. a II 6, 16.
[145] V. n. a XI 90, 4.

95

Os livros mais obscenos de Mussécio,[146]
os rivais dos poemas sibaritas,[147]
e escritos tingidos de sal excitante
lê-os, Istâncio Rufo;[148] mas que a tua amada
esteja junto a ti, para o himeneu
não entoares com libido manual,
consumando sem mulher o acto conjugal.

96

Se conheces a vida e a fidelidade do teu esposo,
   e se outra não pisa ou assedia o vosso leito,
porque te apoquentam, tonta, como se fossem amantes,
   os escravos, prazeres de Vénus efémeros e fugazes?
Vou provar-te que os rapazes te são mais úteis que ao patrão:
   tornam-te na única mulher de teu marido.
Dão-lhe o que dar não queres, esposa. «Mas eu dou» dizes tu,
   «para que ele não busque amores vadios fora do tálamo».[149]
Não é a mesma coisa: quero um figo de Quios, não um figo
                                     [insípido;[150]
para que não duvides como é um de Quios, o teu é dos insípidos.
Uma senhora, sendo mulher, deve conhecer os seus limites:
   deixa aos rapazes o seu mester e goza o teu quinhão.

97

Embora tenhas por esposa uma jovem tal
que um marido exigente a custo sonharia,
pela riqueza, nobreza, sabedoria, castidade,
estafas os rins, Basso, mas com jovens comados
que para ti compraste com o dote da esposa.
E, de regresso à dona, está tão decaído

---

[146] Autor que desconhecemos por completo.

[147] Obra de Hemitéon de Síbaris, ao que parece bastante obscena e que abordava sobretudo o tema da pederastia. Ovídio evoca-a em *Trist.* II 417 e Luciano em *Adv. indoctum* 23.

[148] V. n. a VII 68, 1.

[149] Cf. XI 43.

[150] Cf. VII 25, 7-8.

esse teu vergalho por muitos milhares comprado,
que nem estimulado com palavras meigas
nem aos rogos da mão terna se digna levantar.
Ganha então vergonha ou vamos para justiça:
ele já não te pertence, Basso: tu vendeste-o.

98

Ó Bétis de coma cingida com uma coroa de oliveira,
    tu que nas claras águas banhas o velo de ouro;[151]
amado de Brómio e Palas[152]; a quem o senhor das águas[153]
    abre caminho às naus pelas ondas escumosas:
com alegres auspícios chegue Istâncio[154] às tuas praias
    e que este ano corra ao povo como o ano anterior.
Ele não ignora o encargo que é suceder a Macro:[155]
    quem sopesa o seu fardo consegue levá-lo.

---

[151] Cf. XII 63, 1-5. Bétis (v. 1) = Guadalquivir.
[152] Brómio é um nome de Baco: simboliza aqui as vinhas da Bética. Palas é Atena / Minerva: evoca a cultura da oliveira, uma vez que essa era a árvore que lhe estava consagrada. Recorde-se que Atena dera a oliveira como presente à Ática, ensinando ainda a fabricar o azeite.
[153] Neptuno, o deus do mar.
[154] V. n. a VII 68, 1. Istâncio sucedeu a Macro como procônsul da Bética.
[155] Deve tratar-se de Bébio Macro, magistrado com uma carreira brilhante.

EPIGRAMAS
LIVRO XIII

LIVRO XIII

XENIA

1

Para que ao atum novo a toga não falte nem a capa às azeitonas,[1]
    nem a sórdida traça a mísera fome venha a recear,[2]
destruí, Musas, estes papiros do Nilo, pois o dano é só meu:
    vamos, que o inverno borracho[3] exige novos sabores.
O meu cubo não combate com o dado magnânimo,
    nem o seis, a par do ás, desgasta o nosso marfim;[4]
esta folha é as minhas nozes, esta outra o meu copo de lançar:[5]
    um jogo como este nem prejuízo nem lucro me dá.

2

Podes ter um nariz empinado,[6] podes ter, em suma, um nariz
    tal que nem Atlas, a pedido, o quereria carregar,[7]
e até seres capaz de gozar com o próprio Latino: ([8])
    não conseguirás dizer pior das minhas bagatelas
do que eu mesmo já disse. Que piada há em rilhar o dente
    contra o dente? Precisas é de carne, se te queres satisfazer.

---

[1] Sobre esta utilização como 'cartucho' ou 'papel de embrulho', v. III 2, 3-5; IV 86, 8; VI 61, 8.

[2] V. n. a XIV 37, 1.

[3] A época das Saturnais. V. n. a II 85, 2.

[4] A caixa de marfim de guardar os ossinhos ou os dados (cf. XIV 14; 15), ou para os lançar, evitando batota (como a de XIV 16). Recorde-se que o jogo era lícito durante as Saturnais.

[5] 'Jogar às nozes', além de actividade infantil (v. n. a V 84, 1) e de jogo apreciado (cf. IV 14, 9), era expressão equivalente ao nosso 'jogar a feijões'. Também era presente de pobres, nas Saturnais (cf. IV 66, 16; VII 91, 2; XIV 19). Quanto ao copo de lançar (os dados), v. n. a IV 14, 8.

[6] V. n. a XII 37, 2 e XII 88.

[7] Gigante que, por castigo de Zeus, sustentava sobre os ombros a abóbada celeste. V. n. a VI 77, 7; VII 74, 6.

[8] O actor de mimos da preferência de Domiciano. V. n. a I 4, 5 e IX 28.

Poupa esse fôlego: guarda o veneno para quem se tiver
  em grande conta; nós bem sabemos que isto nada vale.
Todavia, não valerá assim tão pouco, se com ouvido
  imparcial, e não de cara estremunhada, até mim vieres.

3

Toda a colecção de *Xenia*, neste fino livrinho reunida,
  quatro sestércios te custará, se a quiseres comprar.
Achas muito, quatro? Poderá custar-te dois apenas
  e o livreiro Trífon ainda terá o seu lucro.[9]
Aos hóspedes poderás enviar estes dísticos, como presente,
  se para ti a moeda for tão rara como para mim.
Por título acharás os nomes dados aos objectos:
  passa adiante, se algum te der a volta ao estômago.

4. Incenso

Para que Germânico[10] tarde a governar o palácio dos céus
  e se alongue na terra, pio incenso a Jove oferece.

5. Pimenta

Se um papa-figos tenro como cera, com seu farto dorso luzente,
  a fortuna te oferecer, junta-lhe pimenta, se fores esperto.

6. Papas de trigo

Damos-te papas de trigo,[11] mas um rico poderia dar-te vinho
                                                    [com mel.[12]
  Se o rico não to quiser dar, podes sempre comprá-lo.

7. Fava

Se a pálida fava espumar na rubra marmita,
  mais amiúde poderás fugir à ceia dos ricos.

---

[9] Sobre as funções e os lucros do *librarius*, v. n. a I 2, 7; Trífon já surgira evocado em IV 72, 1-2.

[10] Domiciano, que tomou esse título após a vitória militar contra os povos germânicos. V. n. a II 2, 4.

[11] Comida de pobre (cf. XIII 9, 2).

[12] O *mulsum* (cf. IX 94, 2; XIII 106, 2; 108).

Livro XIII

8. Espelta
Enche as púcaras plebeias de papa de farinha de Clúsio,[13]
para que, saciado e com elas vazias, lá bebas vinho doce.

9. Lentilha
Recebe esta lentilha do Nilo, presente de Pelúsio:[14]
é mais barata que as papas de trigo e mais cara que a fava.

10. Flor de farinha
Dotes e usos da flor da farinha não os saberias enumerar,
já que tanto jeito faz ao pasteleiro e ao cozinheiro.

11. Cevada
Toma este presente que o moleiro às mulas, discretas,[15] não dará.
Esta prenda ofereci-a ao taberneiro, não a ti.

12. Trigo
Estes trezentos alqueires da colheita de um colono líbio,
toma-os lá, para que não morra o teu campo suburbano.[16]

13. Acelgas
Para que ganhem sabor as insípidas acelgas, manjar de operários,
quantas vezes não irá o cozinheiro vinho e pimenta reclamar!

14. Alfaces
Se a alface costumava fechar as ceias dos nossos avós,
diz-me por que motivo dá ela início às nossas refeições?[17]

---

[13] Cidade da Etrúria.
[14] Pelúsio ficava junto ao delta do Nilo. As lentilhas do Egipto gozavam de muita fama.
[15] Porque nada dirão do roubo da cevada, que o moleiro desvia para vender ao taberneiro.
[16] A provável interpretação deste epigrama aponta para que, importando a referida quantidade de trigo do norte de África (de onde, é facto, vinha grande parte do abastecimento de cereais a Roma), o proprietário poderia deixar de pousio a terra que até aí explorara intensivamente.
[17] A resposta parece dá-la o próprio Marcial em XI 52, 5-6. No entanto, é possível descortinar uma objecção à mudança de costumes sancionados pela tradição.

15. Lenha sem fumo
Se cultivas os campos vizinhos de Nomento,
   aconselho-te, lavrador, a levar lenha para casa.[18]

16. Rábanos
Estes rábanos, apreciadores do frio invernal,
   que te damos, costuma-os comer Rómulo no céu.[19]

17. Molho de folhas de couve
Para que estas folhas descoradas não te causem fastio,
   água com potassa as tornará verdes couves.

18. Alhos-porros de talhar
Sempre que comeres as fibras do alho-porro[20] de Tarento,
   de cheiro intenso, dá beijos com a boca fechada.

19. Alhos-porros de cabeça
A frondosa Arícia[21] produz alhos-porros da melhor qualidade:
   repara nas verdes cabeleiras que recobrem o branco talo.

20. Nabos
A estes cria-os o campo de Amiterno em suas férteis hortas:
   aos redondos de Núrsia poderás comprá-los mais baratos.

21. Espargos
A tenra espinha que cresce na marítima Ravena
   não será mais gostosa que estes espargos bravos.

22. Uvas de bago duro
Sou uva pouco ajustada aos copos e inútil para Lieu,[22]
   mas para ti, que não me bebes, um néctar serei.

---

[18] Duas interpretações possíveis para este conselho a futuros vizinhos: dada a humidade da região, guarda a lenha em casa; traz lenha de Roma.

[19] Rómulo, mesmo aí, conservaria os seus costumes frugais.

[20] V. n. a X 48, 9.

[21] V. n. a X 68, 5.

[22] Lieu é Baco, o deus do vinho. V. n. a IX 61, 15. Trata-se, pois, de uva de mesa.

23. Figos de Quios
O figo de Quios é como o Baco velho que Sécia ofereceu;
vinho puro traz consigo, consigo traz também o sal.[23]

24. Marmelos
Se te servirem marmelos bem regados com mel
de Cécrops,[24] poderás dizer: «Que mel de maçãs!»

25. Pinhões
Somos a fruta de Cíbele:[25] põe-te ao largo, viajante,
não vamos nós, ao cair, acertar-te na pobre da cabeça.

26. Sorvas
Somos as sorvas e seguramos os ventres demasiado soltos:
mais vale dares esta fruta ao teu amásio que deixá-la para
[ti.[26]

27. Folhinha de tâmaras
A dourada tâmara dá-se nas Calendas de Jano:[27]
costuma, no entanto, ser um presente de pobre.

28. Pote de figos miúdos da Síria
Estes figos da Síria, que te chegaram dentro de um pote
redondo, seriam figos de verdade, se fossem maiores.

29. Pote de ameixas de Damasco
Estas ameixas, enrugadas pelo caruncho de uma velhice estrangeira,
toma-as: costumam aliviar o peso de um ventre duro.

---

[23] Sobre o sabor intenso dos figos de Quios, cf. VII 25, 8; XII 96, 9-10. Também o vinho de Sécia era acre e picante, e necessitava de ser filtrado como se preceitua em XIV 103.

[24] O mel da Ática. V. n. a I 25, 3; IV 13, 4; VI 34, 4; IX 12, 2; X 33, 2.

[25] O amado da deusa, Átis, tinha-lhe jurado fidelidade, mas acabou por quebrar a promessa, pois apaixonou-se por uma ninfa. Desesperado com a traição que cometera, castrou-se e foi metamorfoseado em pinheiro, árvore que ficou consagrada a Cíbele. Noutras versões é a deusa que, por ciúmes, o leva a esse acto de desvario. V. n. a V 41, 2.

[26] A sugestão joga com dois aspectos: o obsceno; e o costume de se passarem a outros os presentes inúteis ou indesejados que se recebiam pelas Saturnais.

[27] V. n. a VIII 33, 12.

30. Queijo de Luna
Este queijo, marcado com o selo da etrusca Luna,
servirá mil refeições aos teus jovens escravos.[28]

31. Queijo dos Vestinos
Se queres fazer um almoço frugal e sem carne,
para ti chega, do rebanho dos Vestinos,[29] esta barra de queijo.

32. Queijo fumado
Não é de um qualquer lume ou fumo que o queijo precisa,
mas de beber o fumo do Velabro; só esse tem sabor.[30]

33. Queijos de Trébula
Trébula nos criou; um duplo mérito nos recomenda,
quer sejamos em lume brando ou em água fundidos.

34. Cebolas
Se tens velha a mulher e os membros já defuntos,
é com cebolas apenas que te podes saciar.[31]

35. Salsichas da Lucânia
Venho como salsicha da Lucânia,[32] filha de uma porca do
[Piceno:[33]
comigo se faz uma gostosa coroa para a branca farinha.

---

[28] Os queijos produzidos neste porto do norte da Etrúria eram notáveis pelo seu tamanho.

[29] Tribo sabina que vivia na Itália central, entre os Apeninos e o Adriático. Viviam da agricultura, da pastorícia e da caça.

[30] Cf. XI 52, 10.

[31] Pelas suas propriedades afrodisíacas. Cf. III 75, 3. A expressão *satur esse potes* ('te podes saciar') joga com dois sentidos: o da satisfação sexual e, à falta de melhor, pelo menos a do estômago. Cf. XIV 69, 1.

[32] Região montanhosa entre o mar Tirreno e o golfo de Tarento. Daí provinha este tipo de enchido, de que sabemos a composição pelo livro de cozinha de Apício (v. n. a II 69, 3): carne de porco condimentada com pimenta, cominhos, segurelha, arruda, salsa e louro. Para o 'acompanhamento', v. n. a V 78, 9.

[33] V. n. a XI 52, 11. O Piceno, no território da Lucânia (a sul da baía de Nápoles).

36. Cestinha de azeitonas
Esta azeitona que te chega, furtada aos lagares do Piceno,
tanto serve para abrir como para encerrar as refeições.

37. Limões
Ou estes limões provêm das folhagens do jardim de Corcira[34]
ou são os frutos que o dragão de Massília guardava.[35]

38. Colostro
Roubou o pastor, aos cabritos que ainda se não tinham em pé,
o colostro que te oferecemos, feito do primeiro leite da mãe.

39. Cabrito
Que o atrevido animal, nada útil ao verde Baco, o seu castigo
sofra:[36] ainda pequeno, já ele foi incomodar o deus.

40. Ovos
Se o branco líquido rodeia as gemas cor de açafrão,
que um molho de cavala da Hespéria os ovos tempere.[37]

41. Leitão
Que a cria, nutrida com leite estreme de indolente mãe,
me seja servida e que o javali da Etólia[38] o coma o rico.

42. Romãs e azarolas
Não vêm de ramos da Líbia[39] estas azarolas e romãs
que te damos, mas sim das árvores de Nomento.

---

[34] Os jardins de Alcínoo, rei dos Feaces, cujo reino se localizaria em Corcira (Corfu). V. n. a IV 64, 29; VII 42, 6; VIII 68, 1.

[35] No jardim das Hespérides. Cf. X 94, 1-2.

[36] Imolando-o, porque rói as vides, como aconteceu ao animal de III 24, 1-2. Cf. tb. VIII 50 (51), 11-12.

[37] I.e.: ovos estrelados com *garum* (v. n. a III 77, 6 e XIII 82; 102) proveniente da Hispânia (v. n. a VIII 28, 6).

[38] Igual ao que Meléagro matou (v. n. a *Spect.* 17, 2).

[39] Líbia = Cirenaica = África. V. n. a II 56, 1.

43. Mesmo tema
Envio-te romãs apanhadas nos ramos do meu pomar suburbano
e azarolas da minha quinta. Queres fruta da Líbia para quê?

44. Teta de porca
Julgarias não estar ainda a teta cozinhada, tão abundante lhe escorre
o úbere e, com o leite vivo, tão intumescido lhe vem o peito.

45. Frangos
Se aves da Líbia e do Fásis[40] eu tivesse, irias recebê-las;
mas, por enquanto, recebe estas aves de capoeira.

46. Pêssegos temporões
Nas ramadas maternas, éramos pêssegos sem valor:
agora, nas adoptivas, somos pêssegos de alto preço.

47. Pães do Piceno
A Ceres do Piceno[41] com o níveo néctar cresce
e, qual esponja ligeira, incha ao absorver água.

48. Cogumelos
Enviar peças de prata ou de ouro, uma capa ou uma toga
é coisa fácil; difícil é enviar uns cogumelos.[42]

49. Papa-figos
Pois que o figo me alimenta, pois que me nutro a doces uvas,
por que razão me não deu antes a uva o seu nome?

50. Túberas
Nós, as túberas, furamos a terra nutriz com a nossa tenra
cabeça; somos a fruta que vem depois dos cogumelos.[43]

---

[40] Galinhas da Numídia e faisões (cf. III 58, 15-16). O Fásis é um rio da Cólquida, que desagua no mar Negro. Cf. III 77, 4; XIII 72; 73.

[41] V. n. a XI 52, 11. Ceres = cereal = pão. A farinha para este pão deixava-se durante nove dias a amaciar em água, findos os quais se misturava com sumo de uva. O pão cozia-se no forno e comia-se embebido em leite e mel (o 'níveo néctar').

[42] Da qualidade mais dispendiosa: os *boleti*. Por isso, o melhor é fazer como o Ceciliano de I 20, e guardá-los antes para consumo próprio. Cf. III 45, 6; 60, 5, VII 78, 3; XII 17, 4; 48, 1; XIII 50, 2; XIV 102.

[43] V. n. a XIII 48, 2.

51. Uma dezena de tordos

Talvez a ti agrade uma coroa tecida com rosas ou com rico
nardo,[44] mas eu cá prefiro uma grinalda feita de tordos.[45]

52. Patos

Embora se sirva o pato inteiro, o peito somente
e o pescoço têm sabor; o resto, devolve ao cozinheiro.

53. Rolas

Quando tenho à frente uma gorda rola, adeus alface;
    fica lá também com os caracóis![46] Não quero estragar a fome.

54. Pernil

Que me sirvam pernil dos Cerretanos ou enviado pelos
Menápios:[47] os ricos devorem antes o presunto.

55. Presunto

Tem a frescura do mosto: rápido, não adies o convite aos amigos
                                                                           [queridos.
Não quero ter nada a ver com um presunto rançoso.

56. Vulva de porca

Tu preferes, talvez, a de uma porca ainda virgem;
    eu prefiro a vulva materna de uma porca prenhe.

57. Colocásia

Sorrirás desta hortaliça do Nilo e das suas fibras tenazes,
    quando à dentada e à mão os duros filamentos arrancares.

58. Fígado de ganso

Olha como incha o fígado, maior que um grande ganso![48]
    Admirado, comentarás: «Esta coisa, diz-me lá, onde cresceu?»

---

[44] Cf. II 59, 3; V 64, 3-4; e n. a III 65, 8; X 20 (19), 21.
[45] Cf. III 47, 10.
[46] Dispensa, portanto, os aperitivos da *gustatio* (v. n. a XI 52, 12).
[47] Os Cerretanos eram um povo da Hispânia Tarraconense, que viviam nos Pirenéus; os Menápios viviam na margem ocidental do Reno, perto da foz.
[48] Os gansos eram alimentados com figos, para que o fígado (daí o nome...) inchasse e se tornasse saboroso e macio. Bom como *foie-gras*... e apreciado como requintada iguaria.

59. Arganazes
Passo o inverno a dormir e mais gordo fico nessa
altura, quando apenas o sono me alimenta.[49]

60. Coelhos
O coelho gosta de morar nas luras que vai escavando.
Foi ele que ensinou caminhos secretos[50] aos inimigos.

61. Francolins
Corre que, entre os sabores das aves, o gosto
mais refinado é o dos francolins da Iónia.

62. Galinhas de engorda
Engorda-se facilmente a galinha com farinha doce
e engorda-se também no escuro.[51] É engenhosa a gula.

63. Capões
Para não emagrecer com excessivas canseiras de amor, o galo
perdeu os testículos. Agora terei em casa um Galo.[52]

64. Mesmo tema
Em vão se aninha a galinha debaixo do estéril marido:
esta ave deveria consagrar-se à mãe Cíbele.[53]

65. Perdizes
Muito raras vezes tal ave se serve nas mesas da Ausónia,[54]
mas é com frequência que tu a imitas na piscina.[55]

---

[49] V. n. a III 58, 36.

[50] O vocábulo *cuniculi* significa 'coelhos' e também as galerias ou túneis escavados durante os cercos para entrar na cidade sitiada.

[51] Técnica de engorda usada também com outros animais, como os arganazes e os gansos: mantidos em gaiolas e na escuridão, sem fazer exercício e sem qualquer outra actividade além de comer, ficavam gordinhos e saborosos.

[52] V. n. a XI 74, 2; 84, 4; XIII 25, 1.

[53] V. n. a XI 74, 2; 84, 4; XIII 25, 1.

[54] V. n. a VII 6, 2.

[55] Interpretação duvidosa: maneira de nadar ou de mergulhar (= dar um chapão) que fazia lembrar o animal (cf. o nosso 'nadar à cão')? Ou sentido obsceno, jogando com o grego πέρδεσθαι, 'emitir gases, descuidar-se', prática que seria frequente

66. Borrachos
Não violes, com dente perjuro, as tenras pombas,
se nos ritos da deusa de Cnido[56] foste iniciado.

67. Pombos-bravos
Os pombos-de-colar retardam e enfraquecem a virilidade:
tal ave não deve comer quem lascivo deseja ser.

68. Verdelhões
Este pássaro verde-claro apanha-se com canastros[57] e redes,
quando a jovem uva incha com o sumo ainda verde.

69. Catas
Nunca a Úmbria nos ofereceu catas[58] da Panónia:
Pudente prefere enviar esses dons ao seu dono.[59]

70. Pavões
Pasmas, de cada vez que ele abre as asas repletas de gemas
e consegues, desalmado, enviá-lo ao cruel cozinheiro?

71. Flamingos
O nome dá-mo a pena rubra, mas a minha língua é uma delícia
para gulosos.[60] Que seria se a língua pudesse falar?

---

dentro das piscinas? Ou sugestão de práticas homossexuais dentro de água? Recorde--se que XI 21, 11-12 aponta para a frequência de contactos de natureza íntima nos banhos.

[56] Afrodite / Vénus, que tinha três santuários em Cnido, na Cária (Ásia Menor). As pombas, que, na literatura clássica, são frequentemente o modelo da fidelidade conjugal, estavam-lhe consagradas.

[57] V. n. a IX 54, 3-4.

[58] Dada a posição deste dístico, que coloca o presente entre as aves, deduz-se que a cata o seria também. Mas não se sabe de que espécie se trata. O galo silvestre?

[59] Aulo Pudente (v. n. a I 31, 1-2 e VII 97, 2-3) prefere enviar o presente ao seu *dominus*, isto é, ao jovem que o tem preso pelo amor, em vez de o oferecer ao poeta.

[60] V. n. a III 58, 14.

72. Faisões
A nau Argo foi a primeira a transportar-me.
Antes disso, nada conhecia além do Fásis.[61]

73. Galinhas da Numídia
Embora Aníbal ([62]) andasse já farto dos gansos romanos,
nunca o bárbaro comeu estas aves da sua terra.[63]

74. Gansos
Esta ave guardou os templos do Tonante no Tarpeio.[64]
Admiras-te? Não os tinha construído ainda um deus.[65]

75. Grous
Vais desalinhar o verso e a letra não voará toda inteira,
se abateres uma única ave de Palamedes.[66]

76. Galinholas
Seja eu galinhola ou perdiz, que importa, se o sabor é o mesmo?
A perdiz é mais cara; por isso, tem melhor sabor.

77. Cisnes
Com a língua a desfalecer, doces carmes entoa
o cisne, cantor de suas próprias exéquias.

---

[61] V. n. a III 58, 16 e XIII 45, 1. A nau Argo é a da expedição dos Argonautas (cf. XI 1, 12).

[62] Sobre o chefe dos Cartagineses e as Guerras Púnicas, v. n. a IV 14, 5.

[63] Porque as não havia ainda na Itália: só depois da derrota dos Cartagineses (e com o aumento do luxo e dos costumes dissolutos...) é que elas começaram a chegar a Roma e à mesa dos *gourmets*.

[64] Alusão ao episódio ocorrido durante a invasão de Roma pelos Gauleses, em 390 a.C., quando os gansos 'salvaram' a cidade (e o seu coração político e religioso, o Capitólio) porque deram o alarme com os seus gritos. V. n. a IX 31, 5. A rocha Tarpeia fica no Capitólio (v. n. a IV 54, 1; VII 60, 1).

[65] O 'deus' é Domiciano, que reconstruiu (magnificamente e, espera Marcial, para sempre) o templo de Júpiter, no Capitólio, após mais um incêndio que devastara Roma. V. n. a VI 4, 3.

[66] Palamedes era um herói grego, que participou na guerra de Tróia. Atribuía--se-lhe perspicácia e espírito inventivo notáveis. Teria sido ele a criar o alfabeto ou, pelo menos, certas letras: neste caso a letra grega Υ, transcrita em latim por um V, que lhe foi sugerida pela observação do voo dos grous. V. n. a IX 12, 7.

Livro XIII

78. Porfiriões
O nome de um grande Gigante[67] há-de ave tão pequena ter?
Também o nome Porfirião, dos Verdes,[68] ela tem.

79. Salmonetes vivos
Na água com ele apanhada, respira o salmonete, mas a custo,
   e desfalece. Deita-o vivo ao mar e ganhará vigor.

80. Moreias
A grande moreia, que no profundo mar sículo nada,
   não consegue mergulhar com a pele queimada pelo sol.

81. Rodovalhos
Por grande que seja o prato que o rodovalho leva,
   maior há-de ser o rodovalho que o prato.

82. Ostras
Sou concha ébria do Lucrino, vizinho de Baias,[69] recém-chegada:
   por ser amante do luxo, tenho sede agora do nobre *garum*.[70]

83. Esquilas
Ama-nos o cerúleo Líris, a quem o bosque de Marica[71]
   protege: dali vimos nós, as esquilas, em grande número.

84. Sargo
Este sargo, que chega carcomido pelas ondas do mar,
   tem boas as entranhas; o resto é de fraco sabor.

---

[67] Porfírion era um dos Gigantes, filhos da Terra, que os concebera do sangue que jorrara da castração de Úrano. Combateram contra os deuses olímpicos, que os derrotaram com a ajuda de Héracles, e foram sepultados debaixo de vulcões. Porfírion atacou Hera e Héracles, mas Zeus inspirou-lhe um desejo sexual fortíssimo por Hera. Quando a tentava possuir, Zeus fulminou-o e Héracles atingiu-o com uma seta.

[68] Facção do circo a que pertencia este (para nós desconhecido) auriga. O epigrama parece jogar com a relação do seu nome com o grego πορφύρα, 'púrpura': é tanto de admirar que uma ave tão pequena tenha o nome de um Gigante, quanto o é que um auriga Verde tenha nome de... Púrpura. V. n. a VI 46, 1.

[69] Cf. X 14 (13), 4 e n. a I 62, 3. Sobre as ostras do Lucrino, cf. XII 48, 4.

[70] V. n. a III 77, 6.

[71] V. n. a X 30, 9.

85. Coracino
És arrebatado antes de todos nos mercados do Nilo, coracino:
   para os gulosos de Péla,[72] não há glória superior à tua.

86. Ouriços-do-mar
Embora ele pique os dedos com sua carapaça eriçada,
   livre dessa casca bem tenro o ouriço ficará.

87. Múrices
As capas, duas vezes tingidas pelo nosso sangue,[73] tu vestes,
   ingrato, e isso não te basta: também te servimos de alimento.

88. Cadozes
Embora sejam requintados os banquetes em terras dos Vénetos,[74]
   é costume servir cadoz na abertura da refeição.

89. Lobo-do-mar
O lobo macio como a lã toma a foz do eugâneo Timavo[75]
   e alimenta-se das águas doces e do sal marinho.

90. Dourada
Nem toda a dourada merece louvores e um preço elevado,
   mas apenas a que se alimenta de ostras do Lucrino.[76]

91. Esturjão
Enviai o esturjão às mesas do Palatino:[77]
   que este raro dom orne banquetes celestiais.

92. Lebres
Se o meu juízo estiver correcto, entre as aves é o tordo
   o melhor petisco e, entre os quadrúpedes, a lebre.

---

[72] Capital da Macedónia, terra natal de Alexandre. O coracino é um peixe do Nilo que hoje desconhecemos

[73] A púrpura, para tingir os mais requintados tecidos.

[74] A norte do rio Pó, entre os Alpes e o Adriático. Nessa província, alguns séculos depois, surgiu a cidade de Veneza (*Venetia*).

[75] Rio que separava a Ístria da Venécia (v. n. a IV 25, 5), dito 'eugâneo' por causa do povo que aí habitara. V. n. a X 93, 2.

[76] Cf. XII 48, 4.

[77] Às do 'deus' Domiciano, no seu palácio.

93. Javali
O javali, que infundia terror nas terras de Diomedes
e sucumbiu à lança etólia,[78] era semelhante a este.

94. Gamos
O javali é temido pela presa, as hastes defendem o cervo:
mas nós, gamos indefesos, que mais somos além de presa?

95. Órice
Das feras caçadas pela manhã[79] não és a presa menor,
fero órice, que a tantos cães já me custaste a morte!

96. Cervo
Era este, Ciparisso, o animal domado pelo teu cabresto.[80]
Ou não seria antes ele, Sílvia, o teu cervo?[81]

97. Burrico selvagem
Enquanto é tenro ónagro, o burrico alimenta-se apenas do leite
materno; é o seu nome de pequeno, que pouco tempo conserva.

98 (99). Cabra montês
Hás-de ver a cabra montês a pender no cimo de uma penha;
vais esperar que caia. Mas ela despreza os teus cães.

99 (98). Gazela
Darás ao filho pequeno uma gazela, como animal de estimação:
a multidão costuma interceder por ela, agitando as togas.[82]

---

[78] O que Meléagro matou (v. n. a *Spect.* 17, 2). Diomedes, herói que participou na Guerra de Tróia, era filho de Tideu, rei da Etólia.

[79] Nas *uenationes*, as 'caçadas' contra e entre animais, que tinham lugar de manhã, no anfiteatro. Cf. V 65, 8; VIII 67, 4.

[80] Ciparisso era um jovem de enorme beleza, que andava sempre acompanhado por um veado domesticado. Um dia, por acidente, matou-o com uma seta e, não suportando o desgosto, pediu aos deuses que as suas lágrimas jamais secassem. Foi transformado em cipreste, a árvore da tristeza e do luto.

[81] O que Ascânio, filho de Eneias, matou, dando origem à luta entre os Troianos e os Latinos. Sílvia era a filha de Tirreu (intendente do rei Latino: *Eneida* VII 479 ss.).

[82] Nas *uenationes* do anfiteatro. Era uma das formas de os espectadores manifestarem a sua intenção quanto ao desfecho das lutas. Cf. tb. *Spect.* 31, 3 (gritando) e XII 28, 7-8 (agitando guardanapos / lenços).

100. Ónagro
Belo é o ónagro que se apresenta. Deve acabar a caça
feita pelo dente eritreu.[83] Toca a agitar as togas!

101. Azeite de Venafro
Este, para ti o destilou a azeitona de Venafro, na Campânia:
quando puseres um perfume, também a este azeite vais cheirar.

102. *Garum* dos aliados
Este *garum*[84] soberbo, feito com o primeiro sangue de uma cavala
que ainda rabeava, recebe-o, pois é um presente precioso.

103. Ânfora de salmoura
Sou filha, confesso, de um atum de Antípolis:[85]
se o fosse de uma cavala, não seria enviada a ti.[86]

104. Mel da Ática
A abelha saqueadora do Himeto de Teseu[87] enviou-te
este nobre néctar, procedente dos bosques de Palas.

105. Favos da Sicília
Quando ofereceres favos sículos das encostas intermédias
do Hibla, poderás dizer que são favos de Cécrops.[88]

106. Vinho de uvas passas
A vindima de Cnosso, da Creta minóica, produziu para ti
este produto, que o vinho com mel[89] dos pobres costuma ser.

---

[83] Nesta *uenatio*, a exibição do ónagro deve pôr termo à do elefante, com as suas presas. Eritreias = do mar Vermelho = do Oriente = da Índia.

[84] V. n. a III 77, 6. Este *garum* tão precioso era o que provinha da Hispânia, de *Carthago Noua* (Cartagena).

[85] Antípolis (a cidade – πόλs – que fica em frente – ἀντί – de outra) chama-se hoje Antibes, 'defronte' a Nice.

[86] Porque seria muito mais dispendiosa. A *muria* de Antípolis era presente baratucho, como se depreende também de IV 88, 5-6.

[87] V. n. a IV 13, 4. Palas é Atena / Minerva, protectora de Atenas.

[88] V. n. a II 46, 1 (Hibla) e a XIII 24, 2.

[89] V. n. a XIII 6, 1.

107. Vinho com pez
Que este vinho com sabor a pez chegou de Viena, rica em vinhas,
não duvides, pois enviou-mo Rómulo[90] em pessoa.

108. Vinho com mel
Tu perturbas, mel da Ática, o Falerno doce como o mel.
A mistura desse vinho deve ser Ganimedes a fazê-la.[91]

109. Vinho de Alba
Este vinho, envia-to, das adegas de César,[92] a doce
vindima, que no monte de Iulo[93] de si mesma se ufana.

110. Vinho de Surrento
Bebes vinho de Surrento? Não uses copos de murra pintada[94]
nem de ouro: para estes vinhos, há copos da sua terra.[95]

111. Vinho de Falerno
Estes vinhos do Mássico ([96]) vieram dos lagares de Sinuessa:
encubados em que mandato, perguntas? Ainda nem havia
[cônsules![97]

---

[90] Deve tratar-se de um viticultor da região em que o poeta era tão apreciado (cf. VII 88 e n. a v. 1).

[91] Dada a excelência dos ingredientes usados para este *mulsum* (v. n. a XIII 6, 1) – mel da Ática (cf. XIII 104) e um vinho de excepção (cf. XIII 111) – e a dificuldade em conseguir uma mistura perfeita, só mesmo Ganimedes (v. n. a I 6, 1), o escanção de Júpiter, para o fazer.

[92] Domiciano possuía, em Alba, uma *uilla* que produzia bons vinhos. V. n. a V 1, 1.

[93] Iulo / Ascânio, filho de Eneias, aí fundou Alba Longa, a cidade-mãe de Roma.

[94] Cf. XIV 113 e n. a III 26, 2. Eram objectos muito caros e elegantes.

[95] Cf. XIV 101.

[96] O monte Mássico ficava a este de Sinuessa (cf. XI 7, 12), próximo do local onde se produzia o vinho falerno.

[97] Hipérbole que sublinha a idade do vinho: dataria de antes de 509 a.C., altura em que se substituiu a monarquia pela república, de que eram magistrados supremos os cônsules.

112. Vinho de Sécia
Sécia, que contempla os campos de Pontino[98] suspensa no alto,
enviou, do seu povoado exíguo, velhas talhas de vinho.

113. Vinho de Fundos
Estes vinhos produziu-os o fértil outono de Opímio.[99]
O próprio cônsul pisou o mosto e dele bebeu.

114. Vinho de Trifólio
Não sou, confesso, como vinho de Trifólio, um Lieu[100] de primeira,
mas, entre os vinhos, não deixarei de ocupar um sétimo lugar.

115. Vinho de Cécubo
O generoso Cécubo fermenta em Amiclas de Fundos[101]
e a vinha, nascida no meio do pântano, viceja.

116. Vinho de Sígnia
Vais beber vinho de Sígnia,[102] que segura o ventre deslaçado?
Para não te apertares em demasia, aperta antes a sede.

117. Vinho mamertino
Se uma ânfora de vinho mamertino com a velhice de Nestor[103]
te oferecerem, podes nela pôr o rótulo que desejares.

---

[98] De Sécia, cidade do Lácio, viam-se os pauis Pontinos. Aí se produzia o afamado vinho que, diz Plínio-o-Velho, era o preferido do imperador Augusto.

[99] Mais uma forma de sublinhar que se trata de vinho muito velho (de 121 a.C.!): cf. n. a I 26, 8.

[100] Lieu = Baco = vinho. V. n. a IX 61, 15. Trifólio ficava próximo de Neápolis (Nápoles).

[101] Fundos (cf. XIII 113) era uma cidade volsca na costa do Lácio, entre Fórmias e Tarracina. O muito apreciado vinho cécubo provinha de uma região pantanosa a sul de Fundos. Amiclas era uma cidade que ficava entre Caieta e Tarracina.

[102] Ao vinho desta cidade do Lácio atribuíam-se esta e outras propriedades medicinais, como curar problemas de estômago.

[103] O vinho mamertino provinha de Messana (a Messina de hoje). Os Mamertinos foram um bando de mercenários provenientes da Campânia, que, no séc. III a.C., tomaram a cidade. Ao vinho aí produzido poderia sempre atribuir-se uma idade igual à de Nestor (v. n. a II 64, 3).

118. Vinho de Tarragona
Tarragona, que cederá apenas ao Lieu[104] da Campânia,
produziu estes vinhos, das talhas etruscas[105] rivais.

119. Vinho de Nomento
A vindima de Nomento oferece-te o meu Baco:
se és amigo de Quinto,[106] vais bebê-lo de melhor qualidade.

120. Vinho de Espoleto
O vinho velho, das ânforas de Espoleto saído,
hás-de preferi-lo a beber o mosto do Falerno.[107]

121. Vinho dos Pelignos
Os vinhateiros pelignos enviam-te um vinho mársico turvo:[108]
não o bebas tu, dá-o a beber ao teu liberto.

122. Vinagre
Esta ânfora de vinagre do Nilo, não a desprezes:
quando ainda era vinho, não valia tanto.

123. Vinho de Massília
Quando a tua espórtula tiver riscado um cento de cidadãos,
poderás servir os vinhos fumados de Massília.[109]

---

[104] V. n. a XIII 114, 1.

[105] Leitura controversa, já que o vinho etrusco era considerado de má qualidade (cf. I 26, 6). Por isso, há editores que propõem, em vez de *Tuscis... cadis, Latiis... cadis*, aludindo aos vinhos provenientes do Lácio (ou, tomando o termo em sentido amplo, de Itália, por oposição aos da Hispânia Tarraconense).

[106] Provavelmente o amigo e vizinho Quinto Ovídio, que produziria um vinho melhor que o poeta. Cf. I 105; VII 93.

[107] Difícil de apreciar, já que o falerno bebia-se maduro (cf. I 18, 1; VI 27, 5...). Por isso, mesmo o vinho de Espoleto, muito leve e sem grande qualidade (cf. XIV 116), haveria de lhe saber melhor.

[108] Pelignos e Marsos eram povos vizinhos, da Itália central. Os vinhos produzidos na região não eram de grande qualidade (cf. I 26, 5; XIV 116); por isso, a prenda era adequada para se 'passar' aos libertos.

[109] Interpretação controversa. Parece referir-se a uma *cena* em que muitos *clientes* seriam convidados pelo seu patrono: por isso lhes seria servido um vinho inferior (cf. III 82, 23; X 36, 1; XIV 118). Sobre a tentativa de Domiciano de substituir a *sportula* em dinheiro pela *recta cena*, v. n. a III 7, 1 e 6.

124. Vinho de Cere

Se Nepos te servir um vinho de Cere, de Sécia o julgarás.[110]
Não o serve a toda a gente: bebe-o apenas com três amigos.

125. Vinho de Tarento

Que Áulon,[111] afamado em lãs e fértil em vinhedos,
te conceda os velos preciosos e a mim os seus vinhos.

126. Perfume

A um herdeiro, não deixes nunca perfume nem vinho.
Que ele receba lá o dinheiro, mas o resto leva-o contigo.

127. Coroas de rosas

Pressurosas coroas,[112] César, te oferece o inverno:[113]
dantes eram da primavera, agora são tuas as rosas.

---

[110] Cf. XIII 112. Nepos é o vizinho de VI 27, 1 e X 48, 5. Cere (hoje Cerveteri) era uma cidade da Etrúria, junto à costa do mar Tirreno. É possível ver aqui uma piada sobre a avareza do amigo Nepos, que guardava os melhores vinhos (cf. VI 27, 5) e servia, mesmo assim só para amigos muito escolhidos, vinhos de má qualidade como se fossem excelentes néctares.

[111] Montanha (ou vale, as opiniões divergem) da Messápia, perto de Tarento.

[112] Cf. II 59, 3; V 64, 3-4; e n. a III 65, 8; X 20 (19), 21.

[113] A Domiciano. Cf. VI 80.

EPIGRAMAS
LIVRO XIV

LIVRO XIV

Apophoreta[1]

1

Enquanto se alegram o cavaleiro e o senador, nosso amo, em seus
 [trajos de jantar
e enquanto o uso do barrete da liberdade convém ao nosso
 [Júpiter,[2]
enquanto o escravo, ao abanar o copo de dados, não teme olhar
para o edil,([3]) embora veja os gelados charcos tão perto:[4]
aceita estas sortes, dons ora do rico, ora do pobre:
que cada um, segundo as suas posses, dê a seu conviva um
 [prémio.[5]
«São nicas e tricas e coisas ainda mais banais que isso, se pode
 [haver.»

---

[1] A palavra *apophoreta* vem do grego ἀποφέρω e designa os presentes que se davam aos convivas em dias de festa ou nas Saturnais. Havia o hábito de colocar poesias sobre os presentes que os convidados levavam para casa. *N.T.*

[2] Domiciano, identificado com Júpiter por efeito da adulação (cf. VIII 15, 2; IX 28, 10). O 'barrete da liberdade' é o *pileus*, e o trajo de jantar é a *synthesis* (cf. XIV 142), usados durante as Saturnais (v. n. a II 85, 2), cujas práticas são evocadas nos vv. 1-4.

[3] Fora do tempo das Saturnais, era a esse magistrado que cumpria reprimir a prática ilegal do jogo. Cf. V 84, 5.

[4] Brincadeiras próprias da época! Embora os castigos dos escravos estivessem suspensos, se o *rex Saturnalicius* (o 'rei da festa', que presidia aos festejos, e a quem todos se submetiam) o determinasse, o escravo iria mesmo 'ao banho', num dos charcos gelados das ruas de Roma em Dezembro.

[5] No plano da tradução, coloca-se o problema de saber se *diuitis... pauperis* (v. 5) são genitivos subjectivos, como pretende T. J. Leary (1996: 53), designando assim quem dá os presentes (1996: 51: «receive the alternated presents of rich and poor men»), ou se, como a tradução de Shackleton Bailey (1993: 227) parece supor, «accept these lots, alternately for the rich man and the poor man», se trata de genitivos objectivos, referentes a quem recebe os dons. Em virtude do possessivo *sua* do verso seguinte dizer respeito ao sujeito (*quisque*) de *det*, parece-nos que Leary tem razão e que a expressão "suited to his means" com que traduz o possessivo é muito mais precisa e sugestiva que o termo "appropriate" utilizado por Shackleton Bailey. *N.T.*

Quem o não sabe? Ou quem nega uma coisa tão evidente?
Mas que há de melhor para eu fazer, Saturno, nestes ébrios dias,
que, em troca do céu, teu próprio filho[6] te deu?
Queres que escreva de Tebas ou Tróia ou da pérfida Micenas?[7]
«Brinca com as nozes,» dizes tu. Não quero perder as minhas
[nozes.[8]

2

Podes terminar este livro onde e quando quiseres.
Em dois versos se remata cada assunto.
Quanto aos *lemmata*, se queres saber porque se escreveram, eu to
[direi:
para, se preferires, poderes ler apenas os *lemmata*.[9]

3. Tabuinhas de tuia

Não tivéssemos sido cortadas na madeira em finas tabuinhas,
seríamos a nobre carga de uma líbica presa.[10]

---

[6] Júpiter (Zeus), filho de Saturno (Crono). A 'passagem' do poder não foi pacífica, pois Júpiter destronou o pai. Marcial imagina que os dias das Saturnais são uma espécie de 'compensação' que Júpiter estabeleceu para minimizar o prejuízo paterno...

[7] Locais de tragédias e épicas, que Marcial não suporta (e sugere que não o aborrecem só a ele...). Cf. IV 49; V 53; X 4; 35, 5-7. Micenas é 'pérfida' por causa do assassínio de Agamémnon e de todos os acontecimentos daí decorrentes.

[8] V. n. a XIII 1, 7. Não quer assumir o prejuízo de trocar a poesia leve das Saturnais pelo peso da épica ou da tragédia.

[9] Segundo o comentário de Kay a Marcial 11.42.2, mencionado com aprovação por Leary, os *lemmata* do Livro 14 são genuínos, porque, como os vv. 3-4 mostram, à época de Marcial não era comum a ligação de *lemmata* e epigramas. Ainda que alguns pensem que a utilidade dos pretensos títulos fosse a de ajudar o dador a escolher com facilidade o dístico adequado aos presentes, Marcial considera que o seu livro tem também uma dimensão literária, porventura mais importante que esta, utilitária (cf. Leary, 1996: 21 ss.). O uso de *lemmata* pode ter um sentido irónico, como pretende Lausberg, referido por Leary, pois os dísticos já implicam, do leitor, um esforço tão pequeno que, canseira ainda menor, só a leitura dos *lemmata*. Finalmente, havia o hábito de distribuir adivinhas com os presentes (cf. *Pittacia* de Petrónio 56.7 e Suetónio, *Aug.* 75), mas os *lemmata*, além de não apresentarem qualquer obscuridade, esclarecem o sentido de alguns epigramas. *N.T.*

[10] I.e., teriam tido outra utilização, como tampo de mesa, cujas pernas seriam em marfim. V. n. a II 43, 9 e IX 59, 8. As tabuinhas (*pugillares*) destinam-se a ser escritas e têm o tamanho que lhes permite caberem na mão (*pugnus*: punho, mão fechada).

4. Tabuinhas de cinco folhas
O ditoso vestíbulo de nosso senhor está quente com a imolação de
[bezerros,
quando uma cera de cinco folhas[11] lhe concede uma alta
[honraria.

5. Tabuinhas de marfim
Para que as sombrias ceras não obscureçam tua cansada vista,
que negra letra pinte para ti o níveo marfim.

6. Tabuinhas de três folhas
Não terás as minhas tabuinhas de três folhas por um reles presente,
quando tua amante te escrever que virá ao encontro.[12]

7. Tabuinhas de pergaminho
Tem-nas por cera, ainda que tabuinhas de pergaminho[13] se
[chamem.
Poderás apagá-las, sempre que quiseres voltar a escrever.

8. Tabuinhas de Vitélio
Embora a rapariga ainda as não tenha lido,
sabe o que pretendem as tabuinhas de Vitélio.[14]

---

[11] As tabuinhas (aqui, cinco, ligadas entre si) cobertas de cera, nas quais se escrevia com um estilete de metal: neste caso, anunciavam a atribuição de um cargo ou benefício por parte do imperador. Ao que se seguia o sacrifício de acção de graças aos deuses. Cf. IX 42, 8-10.

[12] Habitualmente consideradas uma prenda de pobretanas (cf. VII 72, 2; X 87, 6), só a promessa da amante lhes dará valor. A utilização para este fins é confirmada em VII 53, 3.

[13] Tratava-se de uma espécie de 'bloco de notas' em pergaminho fino, alternativa às tabuinhas de cera. A tinta usada apagar-se-ia com água. Cf. IV 10, 5.

[14] Talvez o nome do fabricante. Pelo seu aspecto e uso mais comum, só de vê-las já se adivinhava o que diziam. Por isso, se a cortejada não queria responder favoravelmente, mandava-as de volta sem sequer as abrir. Se, pelo contrário, acedia ao encontro, mandava a resposta na mesma 'carta' e pelo mesmo 'correio', em geral uma escrava generosa e complacente.

9. As mesmas
Como nos vês muito pequenas, cuidas que nos enviam a uma amante.
Enganas-te: também pedem dinheiro estas tabuinhas.[15]

10. Folhas maiores
Não há razão para pensares que é um presente pequeno,
quando um poeta folhas em branco[16] te oferece.

11. Papel de carta
Quer enviado a um mero conhecido, quer a um caro colega,
a todos costuma este papel chamar "prezado...".

12. Cofres de marfim
Encher estes cofres de outra coisa que não dinheiro amarelo,
não convém: à prata, a vulgar madeira que a encerre.

13. Cofres de madeira
Se alguma coisa ainda resta no fundo da minha caixa,
    será um presente. Não há nada? Então a prenda será a própria
                                                                            [caixa.

14. Astrágalos de marfim
Quando astrágalo algum parar com a mesma face do outro,[17]
dirás que eu te dei um grande presente.

---

[15] As aparências iludem... Que eram usadas também para outros fins, prova-o II 6, 6.

[16] Nas quais não escreveu um enorme poema...

[17] Os *tali* começaram por ser pequenos ossinhos (*e.g.* vértebras de animais) com que se jogava. Depois passaram a ser em marfim, madeira ou bronze, conservando aproximadamente a mesma forma (quatro faces e duas extremidades arredondadas). V. n. a IV 66, 16. No lance menos afortunado (*canis*, o 'cão'), todas as faces que ficavam para cima eram iguais. Pelo contrário, se eram todas diferentes, esse era o lance de maior sorte, e chamava-se *Venus*. Neste caso, a sorte ao jogo não se desligava do amor...

Livro XIV

15. Dados
Que eu, um dado, não iguale os astrágalos em número,[18] desde
                                                 [que a parada
seja muitas vezes maior para mim do que para eles.

16. Torrinha[19]
A mão desleal que sabe lançar os astrágalos viciados,
se os lançou por meu intermédio, nada faz senão votos.[20]

17. Mesa de jogo
Deste lado, a minha mesa[21] está pontuada com duas vezes seis
                                                              [marcas;

---

[18] Para jogar aos dados (*tesserae*), usavam-se três. Geralmente, cada face tinha um número de um a seis (as faces opostas somavam sete pontos). A melhor jogada era um triplo seis (*senio*).

[19] *Turricula*, também chamada *pyrgus*, era uma espécie de torre por onde se faziam cair os dados. O que hoje temos mais próximo deste utensílio de jogo será o comum copo de dados (v. n. a IV 14, 8). *N.T.*

[20] Sigo, neste passo, as lições de Shackleton Bailey (1990: 456) e (1993: 232), e de Leary (1996: 30), que dão ... *nil nisi uota facit*, em detrimento das de Izaac (1961: 220) e de Norcio (1980: 848-9), que têm ... *nil nisi uota feret*, e traduzem respectivamente «ne récoltera que des voeux» e «non otterrà nulla al di fuori dei suoi voti». *N.T.* Cf. XIII 1, 6.

[21] Shackleton Bailey (1993: 235) traduz *tessera* por 'die', o que, na opinião de Leary (1996: 70), não está correcto porque obriga a deturpar ligeiramente o sentido de *numeratur*: 'scores,' na tradução de Shackleton Bailey. Leary, baseado em Non. 170.22M (*scripta: puncta tesserarum. M. Tullius in Hortensio: itaque tibi concedo, quod in XII scriptis solemus, ut calculum redducas, si te alicuius dati paenitet*), sustenta pois que 'mesa' é a melhor acepção de *tessera*, neste contexto: ainda que, além de Non. 170.22M, se não conheça outro passo onde a palavra assuma o valor de 'mesa de jogos', há diversos casos, contudo, em que tem sentidos relativamente próximos: pode significar 'tabuinha para as ordens militares do dia' e 'pequeno cubo'. Além disso, seria pouca a diferença entre uma pequena *tabula* e uma grande *tessera*, termo que os Romanos utilizavam para designar uma grande quantidade de objectos. Consequentemente, *bis seno... puncto* não diz respeito a marcas nos dados, mas às da mesa. Uma mesa encontrada em Óstia (*CIL* XIV.5317) apresenta, de um dos lados: CCCCCC * BBBBBB, e, por baixo deste conjunto, AAAAAA * AAAAAA, e, por baixo deste, DDDDDD * EEEEEE. As trinta e seis marcas podiam ser agrupadas assim: ||||| * |||||. As letras formavam, muitas vezes, palavras de cuidado e de aviso aos jogadores. *N.T.*

daquele, uma peça de cor diferente é vencida por um duplo
[inimigo.[22]

18. Peões
Se jogas às guerras de pérfidos mercenários,[23]
este vidrinho será o teu soldado e o teu inimigo.

19. Nozes
As nozes parecem um jogo banal e não danoso;[24]
muitas vezes, contudo, arruinou o rabo aos rapazinhos.[25]

20. Estojo para penas
Se te saiu este estojo na rifa,[26] lembra-te de o proveres de penas.
Nós demos o resto; tu trata dos acessórios.

21. Estojo para os estilos
Estes estojos, providos de seus aparos, são para ti.[27]
Se a um miúdo os deres, não será um fraco presente.

22. Palito de dentes
O lentisco é melhor; mas se a frondosa ponta[28] te
faltar, pode uma pena aliviar teus dentes.

---

[22] Trata-se do jogo dos *latrunculi*, espécie de jogo de xadrez. Podia-se 'comer' uma peça do 'inimigo' quando ela ficava isolada, isto é, de ambos os lados tinha uma peça adversária (cf. VII 72, 8). Os 'peões' de um lado eram brancos, os do outro negros ou encarnados.

[23] Os *latrunculi*, que eram feitos de vidro (v. 2), madeira, metal, marfim... O 'soldado' (*miles*) era o nome das peças com que se jogava; *hostis*, o 'inimigo', era a designação para as do adversário.

[24] Cf. n. a XIII 1, 7.

[25] Quando se atrasavam ou faltavam à escola para ficar na brincadeira com esta espécie de 'berlindes' (cf. V 84, 1-2).

[26] No sorteio das prendas.

[27] O verso *Haec tibi erunt armata suo graphiaria ferro* comporta duas interpretações: uma faz de *tibi* um dativo de possuidor e a outra considera o dativo *tibi* um agente da passiva. No último caso, a tradução seria: «Estes estojos, tu os proverás com seu ferro.» Prefiro a primeira interpretação. A incoerência poética justifica o facto de o poema ter por *lemma* 'estojo para estilos' e tratar vários estojos (cf. 14.25, 28, 102, 127, 131, 132, 133, 167). *N.T.*

[28] I.e. *A twig from the leafy mastic tree* (*OLD*) «Um galho da folhuda árvore resinosa». *N.T.* Cf. III 82, 9; VII 53, 3.

23. Esgravatador do ouvido
Se teu ouvido formiga de incómodo prurido,
dou-te uma arma adequada a tão grandes ardores.

24. Gancho de ouro
Para que os húmidos[29] cabelos não manchem as brilhantes sedas,
prenda a cabeleira este gancho e mantenha-a apanhada.

25. Pentes
De que servirá, se não encontrar aqui cabelos,
o buxo de múltiplos dentes que te foi dado?

26. Cabelos
A espuma dos Catos aviva os cabelos dos Teutões.[30]
Poderás ser mais elegante com cabeleira de cativa.

27. Sabão[31]
Se, já branca, te preparas para tingir teus longevos cabelos,
recebe – para quê chegares a calva?[32] – as bolas do Matíaco.

---

[29] De bálsamos e perfumes.

[30] Trata-se da *spuma Bataua* ou *sapo* (cf. epig. 27), espécie de pomada a que Marcial se refere em VIII 33, 20, destinada a lavar e acentuar os reflexos dourados dos cabelos. Segundo Plínio-o-Velho, fazia-se de sebo de cabra e cinzas de faia, e usavam-na tanto os homens como as mulheres. O v. 2 documenta o uso de perucas feitas com os cabelos de cativas germanas (v. n. a V 68, 1). O envio de cabelos por parte de povos vencidos simbolizava a submissão. Mas a moda acabou por aproveitar essa matéria-prima para satisfazer caprichos de beleza ou disfarçar calvícies indesejadas.

[31] É certo que, do carácter alcalino do sabão comum, o que se poderia esperar era um branqueamento do cabelo ou mesmo a sua queda, mas Marcial terá em mente uma tinta de noz ou vegetal que poderia escurecer o cabelo. Talvez estes ingredientes se encontrassem num produto com a forma de sabão comum na época de Marcial. *N.T.*

[32] Quando o cabelo de uma mulher começava a ficar branco e ela não queria permanecer assim, tinha duas alternativas: pintava-o ou arrancava-o. A pergunta de Marcial procura, de algum modo, reforçar, na destinatária, a adesão à primeira das opções. *N.T.* O Matíaco é a cidade dos Matíacos (subdivisão dos Catos) a que hoje corresponderá Wiesbaden (segundo outros: Marburg).

28. Guarda-sol
Recebe esta sombrinha para vencer os excessos de sol.
Mesmo que haja também vento, teu próprio toldo te cobrirá.[33]

29. Chapéu de aba larga
Contigo serei espectador no teatro de Pompeio:[34]
na verdade o vento costuma negar ao público o toldo.[35]

30. Venábulos
Atingirão javalis e farão esperas a leões,
trespassarão ursos, desde que a mão seja firme.

31. Cutelo de caça
Se te lamentares por teus venábulos de longa ponta caírem por
[terra,
esta pequena faca enfrentará de perto o enorme javali.

32. Cinturão com espada
Isto será uma distinção militar e um sinal de grata honra:
os aprestos dignos de cingir o flanco de um tribuno.[36]

33. Punhal
O punhal, que um pequeno círculo marca com encurvado entalhe,
o Salão o temperou e tornou rechinante em suas gélidas águas.[37]

---

[33] Nos espectáculos. V. n. a IX 38, 6 e XI 21, 6. Para os homens se protegerem do sol: cf. epig. 29.

[34] O primeiro dos teatros permanentes (i.e., que não se desmontavam após os espectáculos) de Roma, construído em 55 a.C. V. n. a VI 9, 1.

[35] Sigo, neste passo, as lições de Shackleton Bailey (1990: 458) e (1993: 238) e de Leary (1996: 32), que, no v. 2, têm *nam flatus populo uela negare solet*, em detrimento das de Izaac (1961: 222) e de Norcio (1980: 852-3), que lêem *Mandatus populo uela negare solet*, e, respectivamente, traduzem por «Mandatus a l'habitude de refuser au peuple la protection des voiles» e «Mandato ha l'abitudine di non concedere il tendone agli spettatori». *N.T.*

[36] Tribuno militar, etapa obrigatória para quem iniciava o seu *cursus honorum*, a carreira das magistraturas.

[37] V. n. a X 13 (20), 1.

34. Foice
A paz firmada pelo nosso chefe[38] curvou-me para brandos usos.
Sou agora de um agricultor, eu que antes fui de um soldado.

35. Machadinha
Quando se fazia um triste leilão para saldar dívidas,
esta foi comprada por quatrocentos mil.[39]

36. Ferramentas cortantes de barbeiro
Estes utensílios estão aptos para te cortar os cabelos;
este[40] é útil para as unhas compridas, aquela para as tuas
[faces.

37. Escrínio
Se me não enches, a abarrotar, de livrinhos,[41]
vou dar entrada às traças e às vorazes baratas.

38. Feixes de cálamos
A terra de Mênfis[42] dá aos papéis cálamos bons para escrever.
Para recobrir teu tecto sirva o junco de outros pântanos.

---

[38] Nova vénia a Domiciano, que pôs fim às guerras. Neste caso, a alusão deverá ser à vitória sobre os Catos (cf. II 2, 6).

[39] Interpretação problemática. A machadinha, que poderia ser qualquer coisa como um brinquedo ou um objecto ornamental, não valia, evidentemente, tanto. Ora, dado que quatrocentos mil sestércios é a quantia que permite, no censo, ser--se inscrito como cavaleiro, poderá ler-se aqui a alusão à acção benemérita de um amigo ou benfeitor que, no leilão, deu essa quantia para evitar que alguém se visse riscado da lista dos *equites*, na sequência das suas dívidas. Cf. XIV 122.

[40] Importa notar que *hic* 'este' não concorda com a expressão *haec arma*, que traduzimos por 'estes utensílios', mas se refere a *cultellus* 'faca pequena', o instrumento utilizado para cortar as unhas. *N.T.*

[41] Seguimos as lições de Shackleton Bailey (1990: 458 e 1993: 242) e de Leary (1996: 32) que dão *Constrictos nisi das mihi libellos*, em detrimento das de Izaac (1961: 223) e de Norcio (1980: 854), *Selectos nisi das mihi libellos*, que os autores respectivamente traduzem «Si tu ne me confies de petits livres de choix» e «Se non mi dai libri scelti». O sentido das primeiras lições é, segundo Leary (1996: 91), o seguinte: se os livros ocuparem todo o espaço no escrínio, não haverá lugar sequer para animais minúsculos, como as traças e baratas. Shackleton Bailey (1993: 243) traduz *constrictos* por 'packed tight'. O sentido das lições de Izaac e de Norcio compreende-se à luz da má literatura que circulava em tempo de Saturnais. *N.T.* V. n. a I 2, 4. Quanto às traças e baratas que destroem os livros, cf. VI 61, 7; XIII 1, 2.

[42] O Egipto.

39. Lucerna de quarto
Sou uma lucerna, confidente de teu doce leito.
Podes fazer o que quiseres, eu ficarei calada.

40. Pirilampo[43]
Uma criada te deu a sorte para tua lucerna.
Ela está alerta todas as horas de escuridão.

41. Lâmpada de muitas mechas
Embora eu ilumine todo o festim com minhas chamas,
    e suporte tantas mechas, chamam-me apenas lucerna <de muitas
        [mechas>.

42. Vela
Esta vela te fornecerá a sua chama à noite:
    é que a lucerna foi roubada ao teu escravo.[44]

43. Candelabro de Corinto
As candeias deram-me o meu nome antigo:
    não conheciam a lucerna de azeite os nossos poupados avós.[45]

44. Candelabro de madeira[46]
Vês que eu sou madeira. Se não vigias a luz, far-se-á,
    de teu candelabro, uma lucerna enorme.

45. Bola camponesa
Esta camponesa que está cheia de macias penas[47]

---

[43] Embora *cicindela* signifique 'pirilampo', não está em causa o insecto, mas uma lâmpada, usada pelos pobres e descrita por Venâncio Fortunato, *Vida de São Martinho* 4.693: funcionava a óleo e tinha vidros à volta. A condição social desfavorecida das pessoas que a usavam justifica o segundo verso. *N.T.*

[44] Decerto um como o escravo de XII 87, 2. V. n. a II 37, 8.

[45] Não gastavam, para se iluminarem, o que é alimento precioso...

[46] O mesmo objecto que no epig. anterior, mas para gente pobre, já que é em madeira, enquanto os candelabros de 43 são no famoso bronze de Corinto (v. n. a IX 59, 11). Para idêntico contraste (aí bronze / rico *vs.* barro / pobre), cf. XIV 177 e 178.

[47] Seguimos, neste passo, as lições de Shackleton Bailey (1990: 460) e (1993: 244), ... *quae de facili turget...*, em detrimento das de Izaac (1961: 225) e de Norcio

é menos lassa que um fole e menos compacta que uma bola.[48]

46. Péla para o triângulo
Se me sabes repelir com tuas lestas esquerdas,[49]
sou tua. Se não sabes, cepo, devolve a péla.

47. Fole
Ao largo, jovens: convém-me uma dócil idade.
Ao fole devem jogar os meninos; ao fole, os velhos.

48. Bolas de râguebi[50]
Arrebata-as, na arena de Anteu,[51] o lesto atleta[52]
que cria, com insensato esforço, um desmedido colo.

49. Halteres
Para quê dar cabo dos fortes músculos num estúpido haltere?[53]
Melhor é o exercício dos homens a cavar uma vinha.

(1980: 858-9), que adoptam *haec quae difficili turget paganica pluma*, e traduzem respectivamente este verso por «Cette balle, gonflée de plumes fortement tassées» e por «Questa palla piena di piume messe dentro a fatica». *N.T.*

[48] Sobre os diferentes tipos de bola referidos nos epigramas 45 (*pila paganica*), 46 (*pila trigonalis*), 47 (*follis*) e 48 (*harpastum*), v. n. a IV 19, 7 e VII 32, 7; XII 82, 3-5.

[49] Adoptamos, mais uma vez, as lições de Shackleton Bailey (1990: 461) e (1993: 244) e de Leary (1996: 33), *mobilibus... sinistris*, em prejuízo da expressão *nobilibus... sinistris* das lições de Izaac (1961: 225) e de Norcio (1980: 858). *N.T.*

[50] Talvez os *harpasta* não correspondam exactamente às modernas bolas de râguebi, mas, pela descrição que do *harpastum*, jogo antes chamado *phaininda*, faz Ateneu, 1.14f-15a, existem algumas semelhanças com o moderno râguebi. Cf. n. 63 a 4.19.7. *N.T.*

[51] Gigante que obrigava todos os viajantes a lutarem contra ele. Como era invencível, desde que estivesse em contacto com a terra (sua mãe, pois era filho de Geia), matava-os a todos. Hércules, porém, quando ia a caminho do Jardim das Hespérides, venceu-o: erguendo-o sobre os ombros, o gigante sufocou. Simboliza aqui o atleta lutador. Cf. IX 101, 4.

[52] *Draucus* era uma palavra provavelmente gálica que designava inicialmente o indivíduo conhecido pelas suas proezas atléticas e, posteriormente, pela sua suposta sexualidade elevada. Neste contexto a palavra não tem o último sentido. *N.T.*

[53] Relembre-se a Filénis de VII 67, para cujo retrato negativo contribui o exercício físico com os *harpasta* e os *halteres* (vv. 4-6) 'oferecidos' nestes epigramas. Sobre a perspectiva de censura segundo a qual o puro treino físico era visto pelos Romanos, cf. VII 32 e n. a v. 10.

50. Barrete de pêlo
Para que nojenta lama não suje teus luzidios cabelos,[54]
com esta pele poderás proteger tua perfumada coma.

51. Almofaças
Pérgamo as enviou. Limpa-te com a curva lâmina.[55]
Com tanta frequência não desgastará o pisoeiro as tuas toalhas.[56]

52. Galheta de corno de rinoceronte[57]
Há pouco a olhavas na ausónia arena de nosso imperador.[58]
Esta será para ti aquela para quem um touro era um espantalho.

---

[54] Depois de se untarem com o *ceroma* (v. n. a IV 4, 10), os lutadores rebolavam no ringue para que a areia ficasse pegada ao corpo e, deste modo, os adversários os pudessem agarrar com mais facilidade. *N.T.*

[55] Depois do exercício físico e do banho, limpeza da pele... Com as *strigiles*, além de se retirar os restos da 'nojenta lama', conseguia-se uma eficaz esfoliação. Por isso as toalhas ficavam menos sujas. A operação era em geral desempenhada por um escravo, que acompanhava o senhor, ou cujos serviços se alugavam nos estabelecimentos balneários.

[56] Sobre a forma como o pisoeiro (*fullo*) lavava e branqueava a roupa, v. n. a II 29, 4. Poupar nas 'lavagens' implicava ter toalha por mais tempo...

[57] Leary (1996: 13-18 e 34), depois de confessar que, na generalidade, segue Birt e Friedländer na disposição dos poemas, observa que Shackleton Bailey (1993: 2) talvez tenha exagerado ao sustentar o carácter residual do actual arranjo dos epigramas. Baseado em Marcial 14.1.5, o autor observa que primeiro devem aparecer os poemas dados por ricos e depois os dos pobres. Mas Friedländer e Birt, citados por Leary, apresentam outros critérios a ter em consideração: os presentes podem agrupar-se por afinidades de forma e diferenças de matéria, por um elemento em comum (o facto de se tratar de animais, por exemplo), ou pela complementaridade do presente pobre em relação ao rico. No caso dos poemas relativos às galhetas, o que está em causa é, antes de mais, o facto de ambos aparentemente pertencerem a dois grupos distintos. Segundo a ordem das edições de Shackleton Bailey (1990) e (1993), o *gutus corneus* seria o par pobre das *strigiles*. Leary considera pois que a melhor solução passa por considerar as *strigiles* um presente pobre que perdeu o seu correspondente rico e o *rhinoceros* o presente rico que faz dupla com o pobre *gutus corneus*. Em virtude de a maioria dos poemas se poder efectivamente ligar segundo estes critérios, talvez estes não fugissem à regra no original e, deste modo, o poeta facilitasse o acesso a quem os quisesse utilizar para fins práticos, não esquecendo, obviamente, a importância da dimensão literária. *N.T.*

[58] Trata-se, sem dúvida, de Domiciano. Também ele terá exibido rinocerontes, nas *uenationes* que oferecia. No v. 2, evoca-se o confronto entre o rinoceronte e um touro, que acabou desfeito como se fosse uma *pila*, o espantalho com que se acicatavam os animais na arena (v. n. a *Spect.* 11, 4; 22, 2; X 86, 4). Cf. *Spect.* 11; 22 e 26.

53. Galheta de chifre
Até há pouco me trouxe na fronte um novilho.
Cuidarás[59] que sou um autêntico chifre de rinoceronte.

54. Chocalhinho
Se algum escravo caseiro,[60] choramingando, pende de teu pescoço,
abane este ruidoso sistro com sua tenra mão.

55. Chicote
Nada te aproveitará, por muito que batas, este chicote,
se é na facção de púrpura que corre o teu cavalo.[61]

56. Dentífrico
Que tens que ver comigo? Que uma jovem me use.
Não costumo pôr a brilhar[62] dentes comprados.[63]

57. Mirobálano
É algo que não vem na poesia de Virgílio nem de Homero,[64]
mas que se faz de perfume e glande.

58. Salitre
És um iletrado? Não sabes o meu nome em grego:

---

[59] Adoptamos a forma *putabis* de Shackleton Bailey (1990:462) e (1993: 246) e de Leary (1996: 34), em vez de *putabas* de Izaac (1961: 226) e de Norcio (1980: 860). *N.T.* Nas galhetas deste tipo guardavam-se os óleos para usar durante o exercício físico ou para a massagem após o banho.

[60] O *uerna*, nascido em casa do senhor. Mais natural era, pois, que entre ele e o *dominus* nascessem laços de afecto. A oferta de um brinquedo como este, a atitude carinhosa e mimada do escravinho, são disso prova.

[61] Duas interpretações possíveis: de nada lhe vale esforçar-se, porque o resultado da corrida está previamente definido (Domiciano apoiava os Verdes: cf. XI 33); embora a facção púrpura tivesse sido criada pelo *princeps*, não deixava de ser de 'terceira divisão': o povo não aderiu à novidade. V. n. a VI 46, 1.

[62] Plínio-o-Velho dá a composição de alguns preparados com esse fim: a base costuma ser cinzas de ossos de animais, como o boi, a cabra, o porco, ou de corno de veado, ou da cabeça de um lobo...

[63] Feitos de materiais como ossos e marfim (cf. I 72, 4), ou madeira de buxo (cf. II 41, 6-7).

[64] Porque a métrica do hexâmetro dactílico não o permite (mȳrŏbălănum). O mirobálano (μύρον, 'essência aromática, perfume' βάλανος, 'glande, fruto em forma de glande') era um unguento que se usava para perfumar os cabelos. A glande a que se recorria era a da noz aromática produzida por uma árvore do oriente.

chamo-me espuma de nitro. És um gregófilo? *Aphronitrum*.[65]

59. Opobálsamos[66]
Os bálsamos atraem-me, estes são perfumes de homem:
os requintes de Cosmo, ([67]) exalem-nos vocês, mulheres.

60. Farinha de favas
Grato será este presente, e não inútil a teu estriado ventre,[68]
se, em pleno dia, buscares os banhos de Estéfano.[69]

61. Lanterna de corno
Como guia de caminho sou levada,[70] uma lanterna dourada pelas
[chamas que encerro,
e segura está uma pequena lâmpada no meu seio.

62. Lanterna de bexiga
Por não ser de corno, acaso sou mais fosca?[71] Ou cuida
quem me encontra que eu sou uma bexiga?

63. Flautas
Uma ébria flautista nos rebenta com as húmidas bochechas,
muitas vezes tem duas de nós juntas, muitas vezes uma apenas.

64. Siringe
De mim que sou de cera e cana te ris?
Assim era a primeira siringe que se fez.[72]

---

[65] Crítica aos rústicos (que, ao invés do que era de norma entre os Romanos cultos, não dominavam o latim e o grego: cf. X 76, 6) e aos exibicionistas que debitavam expressões e palavras gregas, quando havia modo de dizer o mesmo em latim. A substância usava-se em preparados de cosmética e com fins medicinais e culinários.

[66] Feitos com a resina aromática do abeto balsâmico.

[67] V. n. a XI 8, 9.

[68] Já em III 42, 1-2 Marcial aludira às propriedades do *lomentum*. Cf. tb. VI 93, 10, onde funciona como 'desodorizante' (sem grande sucesso...).

[69] Cf. XI 52, 4. Nos banhos mistos, uma mulher tinha de disfarçar as imperfeições físicas, pois os olhos dos homens não deixariam de em tudo reparar. Daí as 'negaças' da Gala de III 51, 3, e a recusa de Saufeia em tomar banho com o poeta, em III 72.

[70] Transportada pelo escravo que acompanhava o senhor, para lhe alumiar o percurso pelas ruas, quando saía à noite. V. n. a II 37, 8; cf. VIII 75, 7.

[71] Alumia o mesmo que as de gente rica...

[72] Para unir as canas (entre sete e vinte uma, de diferentes comprimentos) da siringe ou flauta de Pã, usava-se cera de abelhas. O mito conta que foi Pã quem in-

65. Chinelas forradas de lã
Se acaso te faltar um escravo e te apetecer calçar
as chinelas, o teu pé será o seu próprio escravo.

66. Corpete[73]
Podias encerrar o peito "em costado de touro":[74]
essa pele não abarca as tuas mamas.

67. Enxota-moscas de plumas de pavão
O que impede as nojentas moscas de lamberem os teus almoços
já foi a soberba cauda de uma ave soberana.

68. Enxota-moscas de rabo de boi
Se tiveres as vestes sujas de poeira amarela,
que a leve cauda, com brandos golpes, a sacuda.[75]

69. Priapo de farinha-flor[76]
Se queres ficar saciado,[77] podes comer o meu Priapo;
mesmo que lhe roas o sexo, continuarás puro.

---

ventou o instrumento: apaixonado pela ninfa Siringe, ela escapou-se-lhe, transformando-se numa corça. Ao ouvir o vento a gemer num canavial, o deus teve a ideia de unir as canas com cera e de, com o sopro, reproduzir o som. Foi a esta invenção que deu o nome de siringe (σῦριγξ, 'cana'), em lembrança da ninfa.

[73] Em latim: *mamillare*.

[74] A expressão é de *Aen*. 1. 368. *N.T.* Marcial utiliza, para sugerir o tamanho descomunal dos seios, uma expressão usada para medir terras. Recorde-se que Dido, ao chegar a África, conseguiu que os povos autóctones lhe dessem tanta terra quanta a que pudesse conter-se numa pele de boi. Dido cortou uma pele de boi em tiras finíssimas, com elas fez um fio compridíssimo, perímetro do reino que fundou. Segundo os cânones estéticos de que Marcial se faz eco, a mulher devia ter os seios pequenos: cf. XIV 134; 149, 1, e II 52, sobre a 'mamalhuda Espátale'.

[75] Para outros materiais usados como enxota-moscas, v. III 82, 11-12.

[76] O *Priapus siligineus* é, segundo Leary (1996: 15), um presente delicado e, portanto, rico, ao passo que a *copta Rhodiaca* se destina apenas a ser consumida por escravos. *N.T.* Sobre o pão com formas obscenas, v. IX 2, 3. Neste caso tratar-se-ia de um Priapo (v. n. a I 35, 15).

[77] Para o duplo sentido, v. n. a XIII 34, 2. A ambiguidade paira também sobre o uso do verbo *rodere*, 'roer', no v. 2.

70. Biscoito de Rodes
Não partas, com o punho, os dentes de teu delinquente escravo:
    deixa-o comer o biscoito que te enviou a célebre Rodes.

71. Porco
Esse porco te oferecerá umas boas Saturnais:
    foi cevado com bolota entre os espumantes javalis.

72. Salsicha
Esta salsicha que te chegou a meio do inverno,
    tinha-me chegado antes dos sete dias de Saturno.[78]

73. Papagaio
Eu, um papagaio, aprenderei de vós os nomes de outros;
    por mim, o que aprendi a dizer foi: «César, ave!»[79]

74. Corvo
Corvo saudador,[80] porque passas por chupista?[81]
Vergalho algum entrou na tua cabeça.[82]

75. Rouxinol
Chora Filomela o crime do incestuoso Tereu,[83] e se a voz perdeu
    como rapariga, por gárrula é conhecida, como ave.

---

[78] As Saturnais, de 17 a 23 de Dezembro. V. n. a II 85, 2 e a XIV 79, 2.

[79] Tal como o elefante de *Spect.* 20 reconhecia, sem que ninguém lho tivesse ensinado, a essência divina de Tito, este papagaio aprendeu sozinho a saudar Domiciano: grandeza do governante que assim dá clarividência aos animais irracionais... Cf. tb. *Spect.* 33; I 6, 6; 104, 21-22. Sabe-se, por outros testemunhos, que, nesta época de adulação, papagaios, pegas (cf. epig. 76 e VII 87, 6), corvos, gralhas, eram treinados para o fazer.

[80] Cf. III 95, 2.

[81] Plínio-o-Velho informa-nos de que o vulgo acreditava que os corvos tinham as crias e se uniam sexualmente pelo bico.

[82] Se tal tivesse acontecido, ao menos teria estado um bocadinho calado.

[83] V. n. a XI 18, 19.

76. Pega
Eu, pega loquaz, com clara voz por "senhor" te saúdo.
Se me não vires, não dirás que sou uma ave.

77. Gaiola de marfim
Se uma ave tiveres tal e qual a que a amada de Catulo,
Lésbia, chorava,[84] aqui pode ela morar.

78. Estojo médico
Vês um estojo médico, objecto de marfim da arte de curar. Terás
um presente que Páccio[85] desejaria que fosse seu.

79. Chicotes
Brinquem, divertidos escravos, mas limitem-se a brincar,[86]
que estas correias manterei aferrolhadas cinco dias.[87]

80. Férulas
Odiosas por demais aos alunos e caras aos professores,[88]
somos lenhos que o dom de Prometeu tornou famosos.

81. Sacola
Que não traga a mendigada refeição de um desnudo barbado
nem durma com um severo cão[89] é o que a sacola pede.

---

[84] Cf. VII 14, 3-4.

[85] Poderá ser Páccio Antíoco, médico afamado que Escribónio Largo e Galeno, médicos dos séc. I e II, respectivamente, referem.

[86] Leary (1996: 137) sustenta que *tantum* tem, aqui, sobretudo um valor temporal e traduz o verso por «Play, lighthearted slaves, but only so long», mas admite a hipótese de se tratar de um aviso do senhor aos escravos para que não se excedam nas brincadeiras. *N.T.*

[87] Foi Calígula quem fixou a duração das Saturnais em cinco dias; no entanto, a festa durava efectivamente sete, o que justifica a menção de XIV 72, 2. V. n. a II 85, 2.

[88] Cf. X 62; XIV 19. Quando Prometeu roubou o fogo aos deuses, foi numa *ferula* (a canafrecha) que o escondeu (pois arde dificilmente). Desse material eram feitas as *ferulae* dos castigos, independentemente de se dar o mesmo nome a chibatas de outro material.

[89] Jogo de duplo sentido: o cão (*canis*) do mendigo; o Cínico (< de κύων, 'cão'; v. n. a IV 53, 8). Sobre a imagem dos Cínicos transmitida por Marcial, v. III 93, 13; IV 53; XI 84, 7.

82. Vassoura
A palmeira atesta que a vassoura já foi valiosa,
mas agora o apanhador de migalhas[90] deu à vassoura férias.

83. Coçadeira de marfim
Defenderá esta mão as tuas costas da molesta mordedura
de pulga, ou de algo mais repelente que uma pulga.

84. Leitoril
Para que toga ou pénula[91] não tornem esgaçados os teus livros,
esta prancha de abeto dará longa vida ao papel.

85. Leito com veios de pavão[92]
Dá o nome a este leito uma ave, belíssima com suas variegadas
penas; agora é de Juno, mas antes era Argo.[93]

86. Sela[94]
Toma, caçador, a gualdrapa que cinge o corcel de caça:
é que as hemorróides costumam surgir de um cavalo em pêlo.

---

[90] A moda era ter um escravo especialmente adstrito ao serviço de apanhar à mão as migalhas e restos da refeição que tinham caído no chão. Era o *analecta*. Cf. VII 20, 17.

[91] V. n. a I 103, 5 e XIV 130.

[92] Trata-se de um leito em tuia, uma madeira com uma textura ondulada e variegada. *N.T.*

[93] Quando Júpiter se apaixonou por Io e a transformou em vaca para a proteger da ira vingativa de Juno (v. n. a II 14, 7), a deusa pediu o animal como presente e pôs Argo, monstro de cem olhos, de guarda, para impedir que Júpiter salvasse Io. Mas Mercúrio adormeceu-o com irresistível música, e matou-o. Juno colocou então os cem olhos na cauda da ave que lhe estava consagrada, o pavão.

[94] É difícil a tradução de *ephippium* na medida em que, se tivermos em conta a sua forma, observamos que ela se aproximaria bastante do que modernamente conhecemos por 'xairel'; mas, se pensarmos no uso que se dava ao objecto, podemos perceber que era o mesmo de uma sela actual. O xairel é, nos nossos dias, utilizado entre o dorso do cavalo e a sela, para evitar o contacto do coiro com o pêlo do animal e o consequente desgaste. Na época de Marcial, o cavaleiro sentava-se directamente numa espécie de xairel. Procurámos um compromisso na versão portuguesa: traduzimos *ephippium* por 'sela' – e, no tempo de Marcial, não havia outra forma de o dizer –, e *stragula* por 'gualdrapa' que pode ser, no fundo, um sinónimo de xairel. O uso de dois termos diferentes por parte do autor latino talvez corrobore o pressuposto subjacente à nossa tradução. *N.T.*

87. Leitos semicirculares
Aceita este leito semicircular, incrustado de lunada escama[95] de
[tartaruga.
Leva oito. Que venha quem for amigo.

88. Bandeja para entradas
Se me cuidas ornada de cágado fêmea,
enganas-te. Sou do mar, e presa macho.[96]

89. Mesa de tuia
Recebe, nestes dons de Atlas,[97] os seus ricos bosques.
Quem der presentes de ouro, menos valiosos dará.

90. Mesa de bordo
Não sou venada, é certo, nem filha de um mauro bosque,[98]
mas conhecem, também, minhas tábuas, lautos banquetes.

91. Defesas de marfim
Estas presas levantam os corpos enormes de touros:[99] ainda
[perguntas
se aguentam as líbicas traves <dos tampos de mesa>?[100]

---

[95] A tartaruga é um animal da classe dos répteis e da ordem dos quelónios que geralmente possui uma couraça de placas ósseas recoberta de escamas córneas. A parte superior, de forma convexa, denomina-se carapaça e a inferior, plastrão. Há outras espécies que apresentam pele coriácea, mas as que nos interessam são as que têm escamas por todo o corpo. A *testudo* talvez não seja a pequena escama do pescoço ou das patas da tartaruga, mas as mais coloridas da carapaça. *N.T.*

[96] Considerava-se a tartaruga do mar superior à terrestre e o animal macho superior à fêmea. Daí a hierarquização das incrustações desta bandeja.

[97] V. n. a XIV 3, 2. A preciosíssima tuia provinha do norte de África (mais concretamente da *Mauretania*, hoje o território de Marrocos e Argélia). Aí fica o Atlas, que o mito dizia serem os ombros do Gigante que sustenta a abóbada celeste (v. n. a VI 77, 7; VII 74, 6).

[98] I.e., não tenho os veios da tuia (epig. 85), nem provenho, como a tuia, do norte de África (epig. 89).

[99] Na *uenatio* em que se defrontem um elefante e um touro, como a evocada em *Spect.* 22.

[100] Os tampos das mesas de tuia eram feitos de troncos diagonalmente cortados. A familiaridade dos contemporâneos de Marcial com os objectos descritos

92. Régua de cinco pés
Azinho[101] picado de marcas e rematado em afiada ponta,
muitas vezes costuma denunciar as fraudes de um empreiteiro.

93. Copos originais
Não é esta obra-prima recente, nem de nosso buril.
O primeiro que neles bebeu, enquanto os modelava, foi
[Mentor.[102]

94. Copos destemidos
Nós somos vulgares copos com relevos, de destemido[103] vidro,
e o nosso rico material nem com água a ferver se quebra.

95. Taça de ouro cinzelada
Embora minha nobreza core com o galaico metal,[104]
mais me orgulho da minha arte: de facto, este é um trabalho de
[Mis.[105]

96. Taças de Vatínio
Uma taça, reles lembrança do sapateiro Vatínio,[106]
aceita-a; mas ele tinha um nariz mais comprido.

---

permite ao poeta o uso desta sinédoque, mas a verdade é que, na sua tradução literal, o leitor moderno não faria a mínima ideia do que se trata. Não é um caso como o da "Bandeja para entradas" (88) porque, no poema anterior, o autor falava de incrustações de escama de tartaruga num leito. O mesmo tipo de incrustações numa bandeja não espantaria o leitor moderno. *N.T.*

[101] Izaac (1961: 232), Shackleton Bailey (1993: 263) e Leary (1996: 151) traduzem *ilex* por um termo francês e outro inglês que significam 'carvalho'. No caso francês, 'carvalho' diz-se *chêne*, termo usado por Izaac, e 'azinheira', *chêne vert*. Com Norcio (1980: 873), acreditamos tratar-se de 'azinheira' ou, mais precisamente, 'azinho'. A palavra portuguesa 'azinheira' vem do latim **ilicinaria (arbor)*, de **ilicina*, de *ilex, -icis*. A palavra latina mais comum para 'carvalho' é *quercus*. Ambas as madeiras são apreciadas pela sua resistência. *N.T.*

[102] V. n. a XI 11, 6.

[103] V. n. a XI 11, 2 e XII 74, 3-8; XIV 109.

[104] Cf. X 17 (16), 3-4.

[105] Expoente da arte torêutica. Foi ele quem gravou a batalha dos Lápitas e dos Centauros no escudo da estátua monumental de Atena *Promachos*, da autoria de Fídias, que se encontrava na Acrópole de Atenas.

[106] V. n. a X 3, 4.

97. Travessas incrustadas de ouro
Não ofendas com um pequeno ruivo as grandes travessas incrustadas
[de ouro:[107]
no mínimo, o peixe deve pesar duas libras.

98. Vasos de Arrécio
Não desprezes em excesso vasos de Arrécio, avisamos-te:
faustoso era Porsena com seu etrusco vasilhame.[108]

99. Alguidar[109]
Eu, um alguidar estrangeiro, vim dos pintados Bretões,[110]
mas Roma já me prefere chamar seu.

100. Barro[111]
Se não desconheces a terra do douto Catulo,
bebeste réticos vinhos por meu vaso.[112]

---

[107] Os *chrysendeta*: v. n. a II 43, 11.

[108] Sobre a cerâmica de Arrécio, cidade da Etrúria, v. n. a I 53, 6. Porsena é o nome (ou o título, equivalente a 'rei') de um chefe etrusco do séc. VI a.C. que pôs cerco a Roma, com a intenção de ajudar Tarquínio Soberbo a recuperar o trono de que tinha sido expulso. Foi durante esse cerco que aconteceu o episódio de Múcio Cévola (cf. I 21). Rechaçado, Porsena acabou por fazer a paz com Roma.

[109] *Bascaudae* são, segundo o escoliasta a Juvenal 12.46-7, '*uasa, ubi calices lauantur*'. A palavra estará na origem do termo inglês *basket*. N.T.

[110] César (*De Bello Gallico* V 14, 2) regista o dado: os Bretões pintavam tatuagens no rosto e no corpo com um pigmento de cor azul. Cf. XI 53, 1-2.

[111] *Panaca* é um hápax, sem equivalência conhecida. O 'vaso di terra', apresentado por Norcio (1980: 877), parte do pressuposto de que *panaca* é sinónima de *testa*, que o italiano traduz por 'vaso'. Mas, se o possessivo *mea*, como tudo indica, concorda com *testa*, então as palavras não podem ser totalmente equivalentes. Para contornar a situação, Norcio utiliza a expressão "in questo vaso", que não é uma tradução literal. Leary (1996:161-2), por sua vez, depois de dizer que a palavra, como *bascauda* 'alguidar', tem sido tomada por celta, e de reafirmar a dificuldade em compreender as suas origens, conclui que «Presumably a type of drinking vessel is meant, which was produced in the region of Verona. (For the uses to which vessels going by the name *testa* (line 2) were put....)» e aponta, como equivalente, 'A panacan bowl (?)' (1996: 161). A vasta dimensão do campo semântico do termo inglês 'vessel' e o ponto de interrogação que o autor coloca depois da expressão inglesa que ele cuida corresponder à forma latina são suficientemente elucidativos das suas reticências quanto à tradução proposta. Se *panaca* fosse uma palavra neutra e estivesse no plural, como *crystallina* (111) ou *murrina* (113),

101. Copos de vinho de Surrento[113]

Aceita estes copos que não nasceram de grosseira argila
mas delicadas modelações da surrentina roda.

102. Pratos para cogumelos

Embora os cogumelos me tenham dado tão nobre nome,[114]
eu sirvo – que vergonha! – rebentos de brócolos.

103. Coador com neve

Tempera, eu te aconselho, com minha neve taças do vinho de Sécia.
Com um vinho inferior podes tingir panos de linho.[115]

104. Saco com neve

Meu linho também sabe derreter a neve:
mais fresca não salta a água de teu coador.[116]

105. Cantarinhos para serviço de mesa

A água fria não faltará, não faltará a quente a quem a pedir.[117]
Mas tu, pára de brincar com exigências de sede.

106. Cântaro de barro

É este cântaro vermelho, de recurva asa, que te oferecem.
Com ele pedia Frontão, o estóico, água bem fria.[118]

---

poderíamos arriscar uma tradução do tipo 'barros' ou 'vasos de *panaca*', mas o problema é que o termo é feminino. Se *testa* significa 'vaso de barro cozido', talvez *panaca* designe, então, o material barato de que a *testa* era feita. Como *panaca* é um adjectivo popular que, no português do Brasil, caracteriza um simplório, optei, consciente embora da grande margem de erro, pela tradução por 'barro'. *N.T.*

[112] A Récia era uma região dos Alpes Orientais, onde se produzia o vinho aqui referido e que seria decerto bebido por quem visitava Verona, a terra natal de Catulo (cf. XIV 195).

[113] O facto de não serem fabricados de uma argila qualquer faz dos copos de vinho de Surrento um presente rico que, nas lições de Shackleton Bailey (1990: 469) e (1993: 264), aparecia nos lugares dos presentes pobres. Os pratos de cogumelos (102) não fazem jus ao nome e, como tal, no lugar dos presentes pobres devem ser colocados (cf. Leary, 1996: 16). *N.T.* Cf. XIII 110.

[114] Estes pratos são os *boletaria*. V. n. a XIII 48, 2.

[115] V. n. a XII 17, 6; 60, 9. Sobre o vinho de Sécia, cf. XIII 112.

[116] V. n. a XII 17, 6; 60, 9.

[117] V. n. a XII 17, 6; 60, 9.

[118] Leary (1996: 169), embora admita a possibilidade de *hoc* ser um ablativo instrumental e dizer respeito ao cântaro utilizado por Frontão para ir buscar a água,

107. Cálatos[119]
A nós, amam-nos os Sátiros, ama-nos Baco, ama-nos o ébrio tigre,
ensinado a lamber os pés molhados de vinho de seu senhor.

108. Copos incrustados de pedraria[120]
Olha como o ouro incrustado de pedraria brilha com os cíticos
fogos! ([121]) Quantos dedos despojou este copo!

109. Copos de Sagunto
Toma estes copos, feitos de saguntino barro,
que, sem preocupação, pode teu escravo manejar e guardar.[122]

---

observa, contudo, que «While the *urceus* is commonly mentioned as a vessel for storing or serving water, it seems not often to have been used for fetching water.» O comentador prefere, por isso, considerar *hoc* como uma forma de ablativo de origem, não regida de preposição, mas pedida por *petebat*, e que se refere ao recipiente público do qual provinha a água que Frontão buscava. A proposta de Leary suscita-me algumas dúvidas. Pela posição que ocupa na obra, trata-se de um presente de pobre. O próprio Leary admite que, em virtude de provavelmente viver num sótão e não ter acesso a água própria, o filósofo necessitaria de se deslocar a um local público de distribuição do precioso bem. Os recipientes em que se armazenava a água para a população que estava nestas circunstâncias deviam ser muito grandes e, por isso, de preço ao alcance apenas de ricos ou do próprio estado. Finalmente, não se percebe muito bem a utilidade que um presente desta natureza teria para um pobre. *N.T.* Nada se sabe deste estóico Frontão.

[119] Ou taças em forma de flor. *N.T.* Eram de bronze ou madeira. Como em geral se usavam para servir vinho, é natural que fossem do agrado de Baco e de toda a comitiva do deus. V. n. a VIII 26, 8.

[120] O poema tem por *lemma* "Copos incrustados de pedraria", mas só trata um. O plural pode justificar-se à luz do poema seguinte, "Copos de Sagunto", ou não passará de incoerência poética (cf. 14.21). Birt, citado por Leary (1996: 18), sustenta que o par pobre de *Calathi* (107) desapareceu, e prefere manter juntos os *calices* (108-9). A sequência RP precisa pois, no entender de Birt, de transposição. *N.T.*

[121] As famosas esmeraldas da Cítia. Cf. IV 28, 4; XII 15, 3. Muitas vezes, as pedras preciosas dos anéis eram 'transferidas' para a decoração de copos como estes. Por isso os dedos ficam nus...

[122] V. n. a XI 11, 2 e XII 74, 3-8; XIV 94, 1. O facto de os poder 'guardar' sugere ainda que, dado o seu escasso valor, nenhum dos convidados lhes deitou a mão e os levou consigo. Sobre o 'saguntino barro', cf. IV 46, 14-15.

110. Frasco para beber
Por este frasco embutido de pedraria, que conserva o nome de
[Cosmo, podes,
requintado, beber, se tens sede de vinho perfumado.[123]

111. Vasos de cristal
Ao temeres quebrar os vasos de cristal, quebrá-los-ás: falham
as mãos demasiado firmes e as zelosas.

112. "Nuvem" de vidro[124]
A nuvem que vier de Júpiter verterá água em abundância
para preparares os teus copos. Mas esta é vinho que te dará.

113. Vasos de murra
Se o bebes quente, a murra convém ao ardente
Falerno:[125] e melhor se torna, por isso, o sabor do vinho.

114. Prato de Cumas
A casta Sibila[126] te enviou este prato,
seu conterrâneo, vermelho da terra de Cumas.

---

[123] O *foliatum* ou *nardinum* era uma mistura de essências perfumadas. Usava--se para aromatizar o vinho, directamente ou guardando o vinho em recipientes que o tinham contido. Sobre Cosmo, v. n. a XI 8, 9.

[124] O *nimbus uitreus* era um recipiente de vidro em que, ao que parece, se arrefecia o vinho. Quando em contacto com a neve, ficava embaciado de um modo que se assemelhava a uma nuvem ou floco de neve. Outros pensam que seria um recipiente que vertia o vinho por vários orifícios, como um aguaceiro. Daí o paralelo com Júpiter, entre cujos atributos estava o de determinar as condições climatéricas.

[125] Os vasos murrinos eram preciosíssimos (cf. III 26, 2; 82, 25; IX 59, 14; X 80, 1-2; XI 70, 8; XIII 110) e davam ao vinho um sabor requintado. Por isso neles se bebiam vinhos de eleição como o Falerno; por isso também os patronos egoístas neles bebiam os bons néctares que não serviam aos seus *clientes* convidados para jantar.

[126] De todas as Sibilas, a de Cumas é decerto a mais conhecida pelo seu papel na *Eneida*, onde conduz Eneias na sua descida aos infernos, para se encontrar com o pai, Anquises. O adjectivo 'casta' deve-se ao facto de ter pedido a Apolo, deus cujos oráculos lhe cumpria dar a conhecer, que lhe desse uma longa vida. O deus satisfez o desejo mas, como ela se esquecera de pedir também uma prolongada juventude, pediu-a depois ao deus, que disse conceder-lha se ela se lhe entregasse. A Sibila recusou. Por isso foi ficando cada vez mais velha e ressequida (mas virgem e casta), até já só desejar morrer. Cf. IX 29, 3.

115. Copos de vidro
O que vês é exemplo da habilidade do Nilo:[127] ao querer apurar
[mais e mais
os seus copos, ah, quantas vezes o artista arruinou o seu trabalho!

116. Bilha de barro para água gelada
Bebes do de Espoleto ou vinho guardado nas caves dos Marsos.[128]
De que te serve o nobre frescor de uma água fervida?[129]

117. A mesma
Não beber neve, mas beber água gelada
da neve é a invenção de uma engenhosa sede.

118. A mesma
Evita lá, meu rapaz, misturar com água das neves os fumosos
de Massília, não te custe a água mais <que o vinho>[130].

119. Bacio de barro
Enquanto sou pedido com o estalar dos dedos e o escravo de casa
[se demora,
oh, quantas vezes o colchão se tornou meu rival![131]

120. Colher de prata
Ainda que me chamem *ligula* cavaleiros e patrícios,
chamam-me *lingula* os indoutos gramáticos.[132]

---

[127] Dos artesãos egípcios. Cf. XI 11, 1; XII 74, 1.
[128] Eram vinhos de qualidade medíocre. Cf. XIII 120; 121.
[129] Cf. II 85, 1-2.
[130] Cf. XIII 123.
[131] Cf. III 82, 15-17.
[132] As eternas divergências entre a norma e os desvios da norma, entre o correcto e o que o uso consagra. E quem não aceita o que vão chamando 'evolução da língua', lá acaba por ser considerado *indoctus*.

121. Colher de caracóis
Sou própria para caracóis e não menos útil para ovos.
Acaso sabes porque preferem chamar-me colher de caracóis?[133]

122. Anéis
Antes era frequente; agora, raras vezes um amigo nos dá de
[presente.
Feliz aquele que tem por companheiro um cavaleiro que ele
[próprio fez![134]

123. Cofre para guardar anéis
Muitas vezes um pesado anel desliza dos untados dedos,
mas tua jóia ficará segura à minha guarda.[135]

124. Toga
"Os Romanos, senhores do mundo e povo das togas,"[136]
assim os fez aquele[137] que deu a imortalidade a seu ilustre pai.

125. A mesma
Se te não custa muito perder o sono da manhã,[138]
com o desgaste da toga, muitas vezes te chegará a espórtula.[139]

---

[133] Sobre a *ligula* (epig. 120) e o *cocleare* (121), funções e valor relativo, v. n. a VIII 33, 25; 71, 10.

[134] V. n. a XIV 35, 2 e V 19, 7-10; VIII 5. A situação específica que aqui se evoca é a de alguém que dá a um amigo a quantia necessária para que ele seja ou continue a ser *eques*. Como cavaleiro, ele terá direito a usar o anel de ouro que marca a dignidade da sua posição social.

[135] Cf. XI 59. Perder um anel era fácil, por exemplo, nos banhos, com os óleos das massagens.

[136] V. Virgílio, *Aen.* 1.282. *N.T.*

[137] Domiciano. A adulação consiste aqui em evocar duas circunstâncias: foi ele que obrigou ao uso da toga nos espectáculos públicos (v. n. a IV 2, 4); foi ele quem construiu o *templum gentis Flauiae*, consagrado ao culto de seus parentes divinizados, em especial seu pai, Vespasiano (v. n. a VI 4, 3).

[138] Para cumprir o dever da *salutatio*, vestido, como era norma, com a toga, e de manhã bem cedinho (cf. I 55, 5-6; II 18, 1-6; IV 26, 1; IX 100, 1; X 10, 2; 70, 5; 82, 2; XII 29 (26), 3).

[139] Cf. IV 26; IX 100.

126. Manto de treino[140]
É um presente de pobre, mas não o usa o pobre.
Envio-te, em vez de uma capa de lã, este manto de treino.

127. Capas escuras de Canúsio
Esta capa de Canúsio,[141] muito parecida com o turvo hidromel,
será o teu presente. Alegra-te: ela não se fará velha depressa.

128. Capote[142]
A Gália te veste com o capote dos Sântones.[143]
Ele era, ainda há pouco, pénula de cercopitecos.[144]

129. Capas vermelhas de Canúsio
Roma veste mais escuro; a Gália, encarnado,
e esta cor agrada a meninos e soldados.

130. Pénula de couro
Ainda que comeces a jornada com o céu sempre tão sereno,
nunca te esqueças da capa de couro contra súbitas borrascas.

---

[140] Tal como o moderno fato de treino, a *endromis* era um manto grosso de lã que servia para os atletas se manterem quentes nos intervalos dos exercícios. *N.T.* Cf. IV 19. A 'capa de lã' do v. 2 é a *laena* (cf. XIV 138).

[141] V. n. a IX 22, 9.

[142] Dos textos de latim clássico que chegaram até nós, este e Marcial 1.53.4-5 são os únicos que registam o termo *bardocucullus*. Baseado nos factos de a palavra, de origem possivelmente germânica, *cucullus*, nas suas frequentes ocorrências (cf. 5.14.6, 10.76.8, 11.98.10 e 14.140, e Juv. 3.170), significar 'capuz', e de o elemento *bardo-* derivar provavelmente de *Bardei*, uma tribo ilírica da Dalmácia, e não passar talvez de uma variação local para a mesma peça de vestuário, Leary (1996: 193) traduz *bardocucullus* por "A Gallic hood". De acordo com Friedländer, citado pelo mesmo comentador, havia o hábito de exibir macacos, para entretenimento, com os capuzes a fazerem de pénulas. O problema é que se não entende bem como se procederia a tal adaptação. Por isso nos parece mais apropriada a explicação que vê em *bardocucullus* um 'capote' que, em tamanho assaz reduzido, poderia servir a um macaco. Além disso, trata-se de um presente pobre que faz par com uma rica capa escura de Canúsio. *N.T.*

[143] Tribo gaulesa que vivia a norte do rio Garona, na Aquitânia.

[144] V. n. a XIV 202, 2.

131. Lacernas de escarlate
Se apoias o azul ou o verde, tu que vestes de vermelho,[145]
vê lá se, com esta sorte, te não convertes em trânsfuga.[146]

132. Barrete
Pudesse eu, teria querido enviar-te uma lacerna inteira.
Assim envio um presente apenas para a tua cabeça.

133. Lacernas da Bética
Não é falsa a minha lã nem me altera o bronze do caldeirão.[147]
Com artes destas agradem as tíricas. A mim, tingiu-me a minha
[ovelha.[148]

134. Sutiã
Sutiã,[149] retém os crescentes mamilos da minha senhora,
para minha mão ter o que agarrar e recobrir.

135. Lacernas brancas
Recomendamo-nos pelo nosso uso no anfiteatro,[150]
quando uma branca lacerna cobrir regeladas togas.

136. Trajos de mesa[151]
Nem tribunais nem fianças nos são familiares.
Esta é a nossa função: estarmos reclinados em leitos bordados.

---

[145] Sigo, uma vez mais, as lições de Shackleton Bailey (1990: 474 e 1993: 276), *Si ueneto prasinoue faues, qui coccina sumis*, em detrimento das de Izaac (1961: 239) e de Norcio (1980: 880-1), que lêem *Si ueneto prasinoue faues, quid coccina sumes?* Os mesmos autores traduzem o verso por «Si tu es pour le Bleu ou le Vert – pourquoi choisis-tu l'écarlate?» e por «Se parteggi per i "Turchini" o per i "Verdi", perché indosserai un mantello rosso?», respectivamente. *N.T.*

[146] E não te passas para a facção dos Vermelhos! V. n. a VI 46, 1.

[147] Leary (1996: 197) considera *aheno* um "locatival ablative", não regido de preposição. Traduz o termo por 'in the vat'. A nossa versão não é literal, mas parte do pressuposto de que este ablativo é o agente da passiva de *mutor* 'sou alterado'. *N.T.*

[148] A cor é natural, não tingida. V. n. a XII 63, 5. O mesmo não acontecia às lacernas tingidas com a púrpura oriunda de Tiro.

[149] Em latim: *fascia pectoralis*.

[150] V. n. a XIV 124.

[151] A *uestis cenatoria* usava-se apenas durante o jantar e nos dias das Saturnais. Não resulta muito claro se havia ou não diferenças relativamente à *synthesis* (cf.

Livro XIV

137. Cachecol
Se eu for recitar e por acaso te der um convite,
que este cachecol proteja os teus pobres ouvidinhos.[152]

138. Sobreveste[153]
No inverno as roupas muito leves não convêm.
Minha pelúcia aquece os vossos mantos.

139. Toalha de mesa
Cubram felpudos linhos a tua mais nobre mesa de tuia;
em minhas redondas mesas pode ficar um sinal de círculo.[154]

140. Capuzes da Libúrnia[155]
Não soubeste, meu pateta, combinar as nossas cores com a tua
[lacerna:
era branca quando a vestiste; tira-la, e é verde clara.[156]

141. Pantufas cilícias[157]
Não as fabricou a lã, mas a barba de um fedorento macho.
O teu pé poderá esconder-se nesta bolsa cinífia.

XIV 142), que se usava em idênticas situações (cf. II 46, 4; V 79, 2 e 6; X 29, 4; XIV 1, 1; 142).

[152] Do espectáculo maçador. Observe-se o recurso ao verbo da expressão *asserere in libertatem* 'reclamar a liberdade', que era uma fórmula utilizada por escravos no processo de libertação (cf. I 52, 5). *N.T.* Cf. IV 41; VI 41 e n. a I 63, 2, sobre as *recitationes*.

[153] A *laena* (cf. XIV 126, 2), grossa e de lã, usava-se sobre a toga ou o manto (*pallium*). Os mais friorentos chegavam a usar dois: daí o plural, *pallia*.

[154] De algum objecto aí pousado. De facto, só as mesas preciosas como as de tuia (cf. XIV 89) mereciam a protecção de uma toalha; no entanto, como parece deduzir-se de X 54, muitos não as cobririam, justamente para que os convidados as pudessem apreciar e avaliar do requinte do seu possuidor.

[155] Região norte da Ilíria (hoje, a Croácia).

[156] Porque a tinta do capuz, com a chuva, desbotou e manchou a alvura da lacerna. Coisas de labrego.

[157] Província romana da Ásia Menor. No entanto, estas pantufas (sem dúvida de feltro), viriam efectivamente do norte de África: Cínife (v. 2) é um rio a leste de Léptis Magna (cf. VII 95, 13; VIII 50 (51), 11). Daí seriam os fedorentos bodes.

142. Trajo de jantar
Enquanto a toga se regala com cinco dias de repouso,
poderás usar estas roupas à tua vontade.[158]

143. Túnicas de Patávio
Os terciopelos de Patávio gastam muito velo,
e, a estas espessas túnicas, só uma serra as pode cortar.

144. Esponja
Esta esponja, a sorte ta destinou: serve para limpar
as mesas, quando, espremida a água, fica leve e se dilata.

145. Pénula de frisa[159]
Tal é a minha brancura, tanta é a graça do meu pêlo,
que quererias usar-me mesmo em pleno verão.

146. Travesseiro
Mergulha a cabeça no nardo de Cosmo,[160] o travesseiro cheirará
[bem:
quando teu cabelo perdeu o perfume, a pluma o conserva.

147. Cobertores de frisa
Os felpudos cobertores brilham com os purpúreos brocados.
De que te vale, se te congela uma esposa velha?

---

[158] Sobre a *synthesis*, cf. II 46, 4; V 79, 2 e 6; X 29, 4; XIV 1, 1; 142. Sobre os 'cinco dias' das Saturnais, v. n. a XIV 79, 2.

[159] Como a posição do poema na obra de Marcial e o facto de o Trimalquião petroniano usar uma *gausapa* (*Sat.* 28.4) sugerem, trata-se de um presente rico. Mas o carácter grosseiro que caracteriza o tecido de lã que, em português, designamos por "frisa", parece não condizer com o elevado custo da *paenula gausapina*. Em primeiro lugar, importa ter em conta que as modernas tecnologias e variedade nos tornaram muito mais exigentes e críticos do que os antigos em relação aos mesmos objectos. Por outro lado, o termo "frisa" significa o mesmo que "tecido felpudo de lã" e tem a vantagem da brevidade. Importa, contudo, acrescentar que a *gausapa* tinha a particularidade de ser felpuda apenas de um dos lados, por oposição ao *amphimallum*, que o era dos dois. *N.T.*

[160] V. n. a XI 8, 9.

148. Cobertas pequenas[161]
Para que as mantas não ficassem à vista na nudez do leito,
 como irmãs unidas nós a ti viemos.

149. Xaile
Temo as mamudas.[162] Dá-me antes a uma tenra rapariga,
 para que o meu linho possa fruir de um níveo peito.

150. Adamascados para a cama
É a terra de Mênfis[163] que te dá estes presentes: vencida já
 foi, pela carda nilíaca, a agulha da Babilónia.

151. Cinto
Sou comprido, por agora, quanto basta; mas se, com um doce peso,
 teu ventre inchar, então me tornarei para ti um cinto apertado.

152. Coberta quadrada de frisa
Pequenas cobertas te enviará a terra do douto Catulo;
 nós somos da terra de Helicáon.[164]

153. Cinto
Que um rico te dê uma túnica; eu posso apenas cingir-te.
 Fosse eu rico, ambos os presentes te daria.

154. Lã ametistina
Ébria como estou do sangue da sidónia concha,[165]
 não vejo porque me chamam lã sóbria.

---

[161] *Lodices* eram pequenas cobertas felpudas que se juntavam para formar colchas. *N.T.*

[162] V. n. a XIV 66, 1.

[163] O Egipto. A arte de tecelagem que aqui se evoca destronara os famosos bordados da Babilónia. Cf. VIII 28, 17-18.

[164] Oriundas de *Patauium* (Pádua), cujo fundador mítico, Antenor, era pai de Helicáon (v. n. a X 93, 1). Não provêm, portanto, de Verona, pátria de Catulo. Cf. XIV 100, 2; 195.

[165] Para a tingir, ensopada em púrpura. O v. 2 explica-se pela crença de que a ametista protegia contra a embriaguez (o adj. grego ἀμέθυστος significa 'não embriagado').

155. Lã branca
Célebre pelos melhores velos, a Apúlia; Parma,[166]
pelos segundos; a terceira melhor ovelha louva Altino.[167]

156. Lã tíria
Foi a nós que o pastor ofertou à sua amante lacedemónia.[168]
Inferior era a púrpura de Leda, sua mãe.[169]

157. Lã de Polência
Não é apenas a lã plangente[170] de negros velos
que esta terra costuma produzir, mas também os copos de seu
[nome.

158. A mesma
Esta lã é deveras triste, mas destina-se a rapados serviçais,
como os que não são do escol da classe e a mesa chama.

159. Enchimento leucónico
A cilha da cama está muito próxima do colchão de penas que o teu
[corpo oprime?
Aceita estes velos tosquiados de leucónicos sagos.[171]

---

[166] Sobre os rebanhos e a lã produzida nesta cidade, cf. II 43, 4; IV 37, 5; V 13, 8.

[167] V. n. a IV 25, 1.

[168] O pastor é Páris e a 'amante', é claro, Helena. No termo da gravidez, Hécuba, a mãe de Páris, sonhou que daria à luz um archote que incendiaria Tróia, pelo que, interpretado o sinal, o recém-nascido foi abandonado no monte Ida. Recolhido por pastores, foi essa a vida que levou até voltar ao seu lugar na corte de Príamo. Helena era filha de Leda e de Zeus, embora o seu 'pai' humano fosse Tíndaro, rei de Esparta. Cf. IX 103.

[169] A púrpura de Tiro era a melhor das produzidas na Ásia, enquanto a da Lacedemónia (= Esparta) era a melhor na Europa, embora inferior àquela.

[170] A lã de tons escuros de Polência, cidade da Ligúria, adequava-se à feitura da *toga pulla*, aquela que usavam as pessoas no luto. Além disso, eram de tom escuro as vestes das pessoas de poucas posses ou de condição servil, como aquelas a que se alude no epig. seguinte.

[171] Este enchimento de qualidade para almofadas provinha de uma capa de lã usada por soldados e bárbaros. Como observa Leary (1996: 221), «in the course of being clipped, the cloak would ever become finer, and the luxury *sagum* was not unknown (….).» *N.T.* Cf. XI 56, 9.

160. Enchimento circense
Junco dos charcos cortado chama-se enchimento circense.[172]
Esta palha, compra-a o pobre em vez do enchimento leucónico.

161. Penas
Cansado, poderás descansar nas penas de Amiclas,[173]
que a penugem interior de um cisne te concedeu.

162. Feno
Que, à custa da defraudada mula, inche teu crepitante colchão.
O lívido remorso não assalta as duras enxergas.[174]

163. Campainha
Devolve a péla: soa a campainha das termas. Continuas a jogar?
Só depois do banho na Virgem é que queres abalar para casa.[175]

164. Disco
Quando esvoaça a brilhante massa do espartano disco,
mantenham-se afastados, meninos: que ele seja danoso apenas
[uma vez.[176]

---

[172] Com ela se enchiam as almofadas com que se atenuava a dureza dos assentos no circo e nos restantes recintos dos espectáculos. Ainda assim, esse era recurso de pobre, já que os ricos tinham acesso a outros mais suaves enchimentos, como os do epig. anterior e do seguinte.

[173] Sobre Amiclas (o herói e a cidade) para evocar Esparta, v. n. a VIII 28, 10; IX 72, 2. Foi em cisne que Zeus se transformou para seduzir Leda, espartana, mãe de Helena (cf. XIV 156).

[174] Lugar-comum: quem nada tem, não tem preocupações com o que poderá perder ou o que quer tirar aos outros; por isso os pobres dormem bem, mesmo nas mais duras camas, e os ricos se revolvem, insones, nos seus colchões de penas. Cf. IX 92, 3-4.

[175] Acabando o aquecimento da água do *caldarium*, só restava ao entusiasmado jogador o banho de água gelada, no *frigidarium* abastecido pela *aqua Virgo*. V. n. a XI 47, 6.

[176] Como aconteceu quando Apolo atingiu acidentalmente o seu amado Hiacinto. Cf. XIV 173 e n. a XI 43, 8.

165. Cítara
Devolveu Eurídice ao vate;[177] mas ele mesmo a perdeu,
ao não crer em si nem ser paciente no amor.

166. A mesma
Do teatro de Pompeio muitas vezes foi banida
a que conduziu bosques e deleitou feras.[178]

167. Plectro
Para que uma ardente bolha te não surja no gasto polegar,
brancos plectros[179] adornem a tua dócil lira.

168. Arco
A roda deve ser calçada.[180] Dás-me um presente útil.
Este será um arco para os meninos, mas para mim, um aro de
[roda.

169. O mesmo
Porque vagueia o gárrulo anel no lasso círculo?
Para que a turba, que connosco se encontra, ceda aos tintinantes
[arcos.[181]

---

[177] Recorde-se que foi com a música da sua cítara que encantou (e adormeceu) o cão Cérbero, que guardava a entrada dos infernos, assim conseguindo aí entrar, para tentar trazer de volta a sua amada Eurídice. V. n. a *Spect.* 25, 2.

[178] Sobre a extensão do poder de sedução da música de Orfeu, v. n. a *Spect.* 24, 8. Não o têm os que agora se exibem no teatro, que conseguem apenas a pateada e os assobios do público (v. 1).

[179] Feitos de chifre ou marfim.

[180] O *trochus* era um arco que, por divertimento, as pessoas e, em particular, as crianças conduziam, especialmente nas Saturnais. Era um presente de pobre. Segundo Leary (1996: 229), «That this hoop was really intended for use as a tyre is unlikely.» O comentador reconhece, porém, que Housman tem razão ao sustentar que o sentido da expressão inicial do dístico seria '*rota inducenda cantho*', tal como se diria '*inducere scuta pellibus*'. *Canthus* era um arco de ferro que se colocava em volta da roda. *N.T.*

[181] Como se jogava ao arco no *Campus Martius*, era frequente ele encontrar pessoas no caminho (*obuia turba*). Por isso era aparelhado com barulhentos anéis. Com o arco em movimento, os anéis agrupavam-se entre o bastão que o empurrava e a parte do arco que estava em contacto com o solo, isto é no quadrante por baixo do bastão (*clauis adunca*). Jogar aos arcos com anéis era uma arte difícil e requeria muita prática. *N.T.*

170. Estátua áurea da Vitória
Ela é dada, sem ser tirada à sorte, àquele a quem o Reno deu
o seu verdadeiro nome.[182] O décuplo de falerno acrescenta,
                                                                                     [escravo.

171. *Le mignon de Brutus* em barro
A fama de tão pequena estatueta não é obscura:
este era o menino que Bruto amava.[183]

172. Sauróctono[184] coríntio
Poupa, menino insidioso, o lagarto que rasteja
para ti; ele quer perecer através das tuas mãos.

173. Pintura de Jacinto
Desvia os mortiços olhos do odiado disco
o menino ebálio, culpa e pesar de Febo.[185]

174. Hermafrodito de mármore
Entrou homem na fonte; saiu com ambos os sexos:
uma parte é a do pai; o resto, da mãe o tem.[186]

175. Pintura de Dánae
Porque recebeu Dánae de ti, rei do Olimpo,
uma recompensa, quando Leda se deu a ti de graça?[187]

---

[182] Quem aqui é o destinatário (sem tirar à sorte, pois só a ele pode pertencer!) do presente é Domiciano, vencedor dos povos germânicos. Por isso a estátua é de ouro e representa a Vitória; por isso a saúde se fará com dez taças de um vinho de eleição, uma por cada letra do título *Germanicus*, que o *princeps* juntou ao nome em 83. V. n. a I 71, 4; II 2, 4; VIII 50 (51), 21; IX 93.

[183] Cf. II 77, 4; IX 50, 5. O admirador desta estatueta (melhor dizendo: réplica) de Estrongílion (séc. V a.C.) era Marco Júnio Bruto, assassino de Júlio César. O objecto adquirira, assim, maior interesse para os coleccionadores...

[184] *Sauroctonos*, equivalente latina da palavra grega Σαυρόκτονος, designa a réplica de uma escultura, em bronze, de Praxíteles, que representa Apolo, ainda jovem, a apontar uma seta para um lagarto (cf. Plínio *N. H.* 34.70). *N.T.*

[185] Febo = Apolo. Cf. XIV 164 e n. a XI 43, 8.

[186] Duas vezes verdade: essa dupla natureza reflecte-se no corpo e no nome. Sobre o mito de Sálmacis e Hermafrodito, v. n. a VI 67, 9.

[187] Acrísio, rei de Argos, encerrou sua filha Dánae numa torre (ou numa cela subterrânea, em bronze), para que não se unisse a ninguém, pois um oráculo predissera que ele seria morto por um filho de sua filha. Mas Zeus / Júpiter, que a

176. Máscara germana
Sou uma graça de oleiro, a máscara de um ruivo batavo.
A cara de que tu zombas,[188] é a mesma que um menino teme.

177. Hércules de bronze coríntio
Estrangula o menino duas serpentes e nem olha para trás.[189]
Já a Hidra podia temer aquelas tenras mãos.

178. Hércules de barro[190]
Sou frágil, mas tu, aviso-te, não desprezes uma estatueta:
não se envergonha Alcides[191] de ter o meu nome.

179. Minerva de prata
Diz-me, virgem indomável, se tens elmo e lança,
porque não tens a égide? «Porque a tem César.»[192]

---

desejou, encontrou a forma de chegar até ela, numa chuva de ouro que se infiltrou pelas frestas da janela do cárcere. Dessa união nasceu Perseu que, de facto, matou o avô. Com Leda, foi mais fácil: Zeus só teve de se metamorfosear em cisne. Sobre os filhos dessa união, v. n. a I 36, 2. Marcial insinua o 'lucro' que teve Dánae em deixar-se seduzir. E a estupefacção porque 'o rei do Olimpo' não teria nem deveria ter precisado de dar o que quer que fosse para ter quem quisesse.

[188] Seria, pois, uma máscara cómica. Mas, se o aspecto do Germano fazia rir os adultos, uma criança assustar-se-ia com ele. Não deixa de ser possível ler aqui uma atitude de desprezo e superioridade da parte do Romano, que se sente vencedor e se acha civilizado, para com o Germano, submetido e bárbaro. O que, em última instância, reverte em adulação de Domiciano, *Germanicus* pelas suas vitórias. Sobre os Batavos, v. n. a VI 82, 6.

[189] Quer dizer que não hesita e, se não hesita, é porque nada receia. Não é que Hércules considere trivial ou insignificante a sua acção, como pretende Friedländer, mas, na linha de Friedrich, citado por Leary (1996: 239), a tónica do poema está antes no contraste entre a intrepidez de Hércules e o temor da Hidra. *N.T.* O primeiro feito de Hércules foi, ainda criança de berço, matar com as próprias mãos duas serpentes (enviadas pela ciumenta Juno) que vinham para o matar. Mais tarde, já adulto, matou a Hidra de Lerna, num dos seus Doze Trabalhos (cf. *Spect.* 32, 5; IX 101, 9).

[190] V. n. a XIV 44.
[191] Héracles / Hércules. V. n. a V 65, 2.
[192] Domiciano. Cf. VII 1 e 2.

180. Pintura de Europa
Mais te valia, pai admirável dos deuses, em touro
teres mudado, quando Io foi, por obra tua, uma vaca.[193]

181. Leandro de mármore
Clamava o arrojado Leandro nas alterosas ondas:
«Submergi-me, vagas, quando eu estiver de regresso.»[194]

182. Estatueta de barro de um corcunda
Foi ébrio, julgo, que Prometeu fez estes monstros para a terra:[195]
Brincou, ele também, com o barro das Saturnais.

183. *Batracomiomaquia*[196] de Homero
Lê até ao fim ([197]) as rãs cantadas no meónio poema
e aprende a desfranzir a testa com minhas bagatelas.

184. Homero em pergaminho[198]
A *Ilíada* e Ulisses, inimigo do reino de Príamo,
escondem-se a par sob múltiplas camadas de pele.

---

[193] Uma vez mais (cf. XIV 175), Marcial estranha a 'falta de lógica' do pai dos deuses nas suas aventuras amorosas. Pois não valia mais que, para se unir a Io, se tivesse lembrado de fazer o que fez para conseguir Europa? Cf. XIV 85, 2 e n. a II 14, 7; X 48, 1; XI 47, 4.

[194] Cf. *Spect.* 28 e 29, para o mesmo 'instantâneo' da história de Hero e Leandro.

[195] Foi Prometeu quem moldou, em barro, os primeiros homens. Cf. IX 45, 7--8; X 39, 4.

[196] *Batrachomyomachia* é a transcrição latina do título obra grega Βατραχο-μυομαχία 'Guerra entre rãs e ratos'. *N.T.* Atribuído a Homero ('meónio', v. n. a V 10, 8; VII 46, 2), parece todavia mais provável que date do séc. V-IV a.C. Restam--nos c. de 300 versos desta paródia épica. Marcial invoca o exemplo da poesia menos séria do mais sério poeta para captar benevolência para a sua musa ligeira.

[197] Leary (1996: 248) observa que «reading the poem right through cannot have been a giant undertanking» e traduz *perlege* por 'Peruse'. Mas o poema atribuído a Homero, embora em toada semelhante, é bem maior que qualquer das composições de Marcial. Será, por isso, um bom treino para a leitura das *nugae*, 'bagatelas', mais pequenas, mas em livros relativamente consideráveis, do poeta latino. *N.T.*

[198] Pergaminho em forma de códice: por isso lá cabem a *Ilíada* e a *Odisseia*. Sobre as vantagens do formato *codex* sobre o *uolumen*, na leitura de obras extensas e no poder transportá-las para qualquer lado, v. XIV 186; 188; 190; 192 e I 2, 1-4.

185. O *Mosquito* de Virgílio
Aceita, leitor dedicado, o *Mosquito* do eloquente Marão;
não vás tu, postas de parte as nozes,[199] ler «As armas e o
[varão».[200]

186. Virgílio em pergaminho
Que pequeno o pergaminho que abrangeu o vasto Marão![201]
O seu próprio semblante, é a primeira página que o traz.

187. Thaïs *de Ménandre*[202]
Foi aqui que ele primeiro brincou com os lascivos amores dos jovens:
não Glícera, mas Taís foi realmente a sua amante em rapaz.[203]

188. Cícero em pergaminho
Se teu companheiro for este pergaminho, imagina-te
a percorrer com Cícero longas jornadas.

189. O *Monobyblos* de Propércio
Cíntia, o canto juvenil do eloquente Propércio,[204]
dele recebeu fama, e não menor foi a que ela própria lhe
[concedeu.

---

[199] V. n. a XIV 1, 12. As 'nozes' são aqui a poesia leve do *Mosquito* (o *Culex*: v. n. a VIII 55 (56), 20), por oposição à grandeza épica da *Eneida* (cujas primeiras palavras são 'As armas e o varão', *Arma uirumque*).

[200] Preferimos as lições de Izaac (1961: 248), de Norcio (1980: 904), de Shackleton Bailey (1993: 298) e de Leary (1996: 46), que têm *ne nucibus positis 'arma uirumque' legas*, em detrimento da de Shackleton Bailey (1990: 482), que adopta *et nucibus....* N.T.

[201] A antítese 'vasto' (*immensum*) / 'breve' (*breuis*) reforça as vantagens de não ter de ler toda a obra em *uolumen*. A reprodução do 'retrato' do autor no frontispício de uma obra (v. 2) era prática comum.

[202] Μενάνδρου Θαΐς, «Taís *de Menandro*». N.T. Pouco se sabe desta comédia, de que só possuímos o título e alguns fragmentos.

[203] Atribuía-se a Menandro (v. n. a V 10, 9) uma amada de nome Glícera. Mas Marcial garante que, na juventude, o comediógrafo não tinha tempo senão para os amores que contava nesta peça.

[204] O v. 1 da elegia 1 do Livro I de Propércio (v. n. a VIII 73, 5), publicado quando ele andaria pelos vinte anos, começa com o nome da amada, *Cynthia*, ainda que sob esse nome não se esconda uma personagem real mas talvez antes o retrato--tipo da mulher traidora, leviana, cruel, arrebatadora na sua beleza e na sua perfídia,

190. Tito Lívio em pergaminho
Em exígua pele se comprime o ingente Lívio[205]
que, completo, a minha biblioteca não comporta.

191. Salústio
Aqui estará Crispo,[206] no entender de douta gente,
o primeiro entre os historiadores de Roma.[207]

192. As *Metamorfoses* de Ovídio em pergaminho
Este calhamaço, feito para ti de múltiplas folhas,
comporta quinze livros de poesia de Ovídio.[208]

---

que os elegíacos latinos cantaram. Apuleio, porém, identificou-a com uma matrona real, de nome Hóstia. Foi logo com esse primeiro livro que o poeta ganhou fama (e lha deu a ela). Propércio continuou a cantar Cíntia e os encontros e desencontros do seu amor nos restantes três livros de elegias que compôs: no III, porém, põe fim aos tormentos e acaba a ligação; no IV, já Cíntia teria morrido, mas a imagem e as recordações dela ainda regressam, a espaços, à memória e à poesia de Propércio.

[205] Mais uma prova das vantagens do *codex*: Tito Lívio (v. n. a I 61, 3) escreveu 142 livros de história de Roma, desde os tempos míticos da fundação até ao ano 9 da nossa era. Mesmo que Marcial se refira ao epítome da obra que, ao que parece, foi feito pouco tempo depois da publicação da versão integral, o volume de texto seria ainda assim considerável. Note-se o efeito do contraste entre 'exígua' (*exiguis*) e 'ingente' (*ingens*).

[206] Gaio Salústio Crispo (86 – 35 a.C.) teve carreira política e militar de relevo, mas foi como historiador, actividade a que se dedicou quando se retirou da vida pública, que conquistou a imortalidade. Escreveu duas monografias, o *De Catilinae coniuratione* (Conjuração de Catilina) e o *Bellum Iugurthinum* (Guerra de Jugurta), além de *Historiae*, obra que se ocupava do período a partir do ano 78 a.C., chegada até nós em estado fragmentário.

[207] Baseado nos pressupostos de que *Hic* é aqui um pronome demonstrativo ('this') e de que *primus* pode significar 'best', Leary (1996: 256) traduz assim o poema: «This man, in the estimation of learned men, will be the best of Roman historians, Crispus.» Não deixo, contudo, de ter a impressão de que a colocação do *cognomen* (*Crispus*) naquela posição soa um pouco forçada e redundante em relação a *Hic* e ao *lemma*. Por outro lado, considerar *Hic* um pronome adjunto e directamente ligado a *Crispus* não faz grande sentido, dado que se não conhecem muitos historiadores de nome Crispo que com Salústio pudessem competir na atribuição do título. Com Izaac (1961: 249), Norcio (1980: 906-7) e Shackleton Bailey (1993: 302-3), acho melhor ter *Hic* na conta de um advérbio de lugar e traduzir apenas o que está no texto, partindo do princípio de que o sujeito poético se limita a anunciar qual será o presente que posteriormente ali será colocado e o seu valor. *N.T.*

[208] V. n. a I 61, 6.

193. Tibulo
Némesis lasciva abrasou o seu amante, Tibulo,
que gostou de "ser um nada em toda a sua casa".[209]

194. Lucano
Há quem diga que eu não sou poeta;[210]
mas o livreiro que me vende cuida que sim, que sou.

195. Catulo
Tanto deve a grande Verona ao seu Catulo,
quanto a pequena Mântua ao seu Virgílio.[211]

196. *Sobre o uso de água fria* de Calvo[212]
Este papiro, que te fala de fontes e de nomes
de águas, melhor faria em nadar nas suas águas.[213]

197. Mulas anãs
De mulas destas não deves ter medo de cair:
quase mais alto costumas ficar, sentado no chão.[214]

---

[209] Tibulo (v. n. a IV 6, 5) escreveu dois livros de elegias: no primeiro, a amada tem o nome de Délia; no segundo, é a Némesis (v. n. a VIII 73, 7) que dedica os seus poemas. No entanto, a expressão que Marcial reproduz evoca o v. 30 da elegia 5 do Livro I, pelo que, neste caso, o presente devia compreender a obra completa do poeta; ou talvez Marcial 'baralhe' os dois nomes.

[210] Debate com raízes na antiguidade: o *Bellum Ciuile* é um modelo para poetas épicos ou para oradores? Lucano escrevia poesia ou história? O certo é que a obra se vendia bem... Sobre Lucano, v. n. a I 61, 7; VII 21; 22; 23; X 64.

[211] Cf. I 61, 1-2.

[212] Deve tratar-se de Licínio Calvo (82 - c. 47 a.C.), político, excelente orador e afamado poeta neotérico, amigo de Catulo. Restam escassos fragmentos da sua obra. Nada sabemos do tipo de obra que seria o *De aquae frigidae usu*: tratado de medicina? Leary (1996: 262), atendendo a que o dístico fala de um assunto que não corresponde exactamente ao *lemma*, põe a hipótese de que, entre o título e o dístico, se tivesse perdido texto, acabando assim por se juntar uma 'cabeça' a um 'corpo' que não lhe corresponderia.

[213] I. e. nas águas donde veio. *N.T.* Logo: melhor seria não ter sido escrito, ou ser atirado às águas dado o seu escasso valor. Cf. I 5; III 100, 4; IX 58, 8.

[214] Poderá tratar-se de um presente para criança: um animal de estimação como os póneis.

198. Cadelinha gaulesa
Se queres ouvir as habilidades desta cadelinha,
a página toda é pequena para que eu as conte.[215]

199. Cavalinho asturiano
Este pequeno cavalo das Astúrias, que recolhe seus lestos cascos
a compasso, vem da aurífera região.[216]

200. Lebréu
Não caça para si, mas para seu dono o lebréu enérgico,
que te trará uma lebre que seu dente não feriu.[217]

201. Palestrita[218]
Não gosto dele porque vence, mas porque sabe tombar
e conhece melhor *le combat récliné*.[219]

202. Macaco
Macaco hábil em evitar os dardos que me atiram,
tivesse eu uma cauda, seria um cercopiteco.[220]

203. Moça gaditana
Tão lúbricos são os seus meneios, tão excitante o seu prurido, que
[faria
do próprio Hipólito[221] um masturbador.

---

[215] Cf. I 109, com os seus 23 hendecassílabos. Dada a sua origem, esta cadelinha deveria destinar-se à caça (cf. III 47, 11 e tb. XI 69).

[216] Cf. X 17 (16), 3-4.

[217] Eco de jogos do anfiteatro em que os leões brincavam com as lebres sem as ferirem (cf. I 6; 14; 22; 44; 48; 51; 60; 104). Aqui, o objectivo do treino do animal não foi o espectáculo, mas a caça.

[218] Cf. III 58, 25; 82, 20.

[219] Em grego: τὴν ἐπικλινοπάλην. Sentido erótico. *N.T.* Este lutador era, assim, mais apreciado pela sua técnica de combate (πάλη) na cama (κλίνη). Na mesma linha, veja-se a utilização do verbo *succumbere* (tombar), que provém de *sub* (debaixo) + *cu(m)bere* (estar deitado).

[220] Cf. XIV 128. O jogo resulta da junção de κέρκος, 'cauda' a πίθηκος, 'macaco', quando este macaco amestrado não tinha cauda. O macaco era muitas vezes um animal de estimação: cf. VII 87, 4.

[221] O símbolo máximo da pureza (ou, segundo outras perspectivas, da indiferença ou frigidez sexual...). V. n. a VIII 46, 2. Sobre as moças de Gades e as suas danças sensuais, cf. I 41, 12; 61, 9; V 78, 26-28; VI 71, 1-2.

204. Címbalos
Estes bronzes que choram o jovem de Celenas amado da Grande
[Mãe,[222]
muitas vezes costuma vendê-los o Galo esfomeado.[223]

205. Menino
Que me dêem um rapazinho, tenro da idade e não da pedra-
[-pomes,[224]
e não haverá mocinha alguma que me agrade.

206. Cinto de Vénus
Pendura ao pescoço, meu rapaz, esta dádiva pura do amor,
um cinto quente ainda do seio de Vénus.[225]

207. O mesmo
Toma este cinto, embebido do néctar de Citera,
que já inflamou o sedutor Júpiter.[226]

208. Estenógrafo
Mesmo que corram as palavras, a mão é mais veloz que elas:
ainda não acabou a língua o seu trabalho, mas a mão sim.

209. Concha
Lisa se torne a casca mareótica, com a marinha
concha:[227] a caneta correrá por uma franqueada via.

---

[222] Átis, o jovem amado de Cíbele. V. n. a V 41, 2 e 3.; XIII 25, 1.

[223] V. n. a XI 74, 2; 84, 4. O verso traduz a desconfiança e o desprezo comuns entre os Romanos para com estes sacerdotes e os ritos a que se entregavam.

[224] Um dos processos de depilação. V. n. a II 29, 6.

[225] Sobre o 'cinto de Vénus', v. n. a VI 13, 5. Com ele, o desejado *puer* aumentaria ainda mais o seu poder de sedução.

[226] Leary (1996: 275) traduz *amatorem... Iouem* por 'Jupiter, the lover' e coloca a expressão no fim do verso. No passo homérico a que o poema faz referência (*Il.* 14.315 ss.), Júpiter enumera todas as suas conquistas e confessa que Hera está a conseguir despertar nele um desejo superior aos das suas restantes paixões. Segundo o tradutor, Marcial pretende dizer que o presente é tão bom na arte da conquista amorosa que nem um sedutor experto como Júpiter escapou aos seus encantos. *N.T.* Citera é um dos locais de culto de Vénus (v. n. a II 47, 2).

[227] Forma de tornar mais suave, liso e maleável o papiro (vindo do Egipto: 'mareótica', v. n. a IV 42, 5), particularmente aquele que era feito do *cortex* da planta.

210. O parvo[228]
Não é falsa a sua estupidez nem fingida com dolosa arte.
Todo o que é desmiolado em excesso, tem realmente miolo.

211. Cabeça de carneiro
Cortaste o tenro pescoço do macho do rebanho de Frixo.[229]
Isto mereceu, cruel, quem a túnica te deu?

212. O anão[230]
Se olhasses só para a cabeça do homem, por Heitor o tomarias;
se o visses de pé, um Astíanax[231] o julgarias.

213. Broquel
Habituado muitas vezes a ser vencido, poucas a vencer, este
será um broquel para ti, mas o grande escudo de um anão.

214. Jovens comediantes
Ninguém será, nesta companhia,[232] *Le détesté*[233];
mas quem quiseres poderá ser *Le double trompeur*[234].

215. Fíbula
Diz-me com franqueza, fíbula: de que serves
a comediantes e citaredos? «Para foderem mais caro.»[235]

---

[228] Como em 3.82.24 e 8.13, trata-se de alguém, muito esperto, que se faz passar por parvo. *N.T.* Sobre a presença destes 'bobos' para entretenimento doméstico, v. VI 39, 15-17; XII 93.

[229] V. n. a VI 3, 6; VIII 28, 19.

[230] Tal como o bobo (*morio*) do epig. 210, era presença comum entre os Romanos, como fonte de distracção. Nesta época, também, os anões constituíam atracção na arena, como prova o v. 2 do epig. seguinte e I 43, 10.

[231] O filho de Heitor... Cf. VIII 6, 16. Quando o pai partiu para a luta em que perdeu a vida, ele era ainda uma criança tão pequena que está ao colo da mãe, Andrómaca, quando se despedem.

[232] Havia, em Roma, quem tivesse a sua própria 'companhia teatral' privada, que exibia em banquetes e festas.

[233] Μισούμενος 'Odiado'. *N.T.*

[234] Δὶς ἐξαπατῶν 'O duplo enganador'. *N.T.* Trata-se de comédias de Menandro (cf. XIV 187). Aqui, os títulos apontam para uma segunda eventual função destes *pueri* actores, a de serem parceiros sexuais. Nenhum deles será rejeitado, mas qualquer um poderá trair o senhor que os possuirá.

[235] V. n. a VII 82, 2 e XI 75, 1-3.

216 (218). Passarinheiro
Não só com varas enviscadas,[236] mas também com o canto se
[engana a ave,
enquanto a manhosa cana se alonga na silenciosa mão.

217 (216). Falcão
Foi o salteador entre os pássaros[237]; agora, servo do passarinheiro,
[ele
engana as aves e lamenta que elas não sejam apanhadas para
[si.

218 (217). Despenseiro
Diz quantos são os convivas e quanto queres pagar; e nem mais
uma palavra: para ti, o jantar está pronto.

219. Coração de boi
Como tu, um pobre advogado, escreves poemas que não rendem
dinheiro algum,[238] aceita este coração que é como o teu.

---

[236] Sobre esta forma de apanhar pássaros, v. n. a IX 54, 3-4. Para os atrair, um bom passarinheiro deveria também saber imitar-lhes o canto.

[237] Partindo dos pressupostos de que o contraste entre as duas partes do primeiro verso não implica uma ruptura entre a actividade do falcão no passado e a actual, como a tradução de Ker, «He preyed once upon birds,» parece indiciar; e de que *praedo... uolucrum* funciona como uma espécie de título para 'falcão', como 'king of beasts' o é para 'leão', Leary (1996: 285-6) traduz a primeira frase citada por «He was a brigand among birds». A utilização de duas palavras sinónimas, *uolucrum* 'entre os pássaros' no início e *aues* 'as aves' no fim, poderá ser encarada como uma forma de marcar um certo distanciamento entre a oração inicial e o aposto do sujeito da segunda, por um lado, e o resto do texto, por outro, o que abonaria em favor da tradução de Leary. Ela esbarra, porém, no facto de *praedo* se não opor directamente a *seruus*. *Praedo* pode designar um 'salteador' num grupo de que ele não é o chefe. O caso não é igual ao do leão, o rei da selva, porque, aqui, não há outro. Para contornar a situação traduzimos por «Foi o salteador entre os pássaros», no sentido de que foi salteador por excelência, a ave de *rapina* com mais sucesso nos ataques que desferia e que, por todos os restantes seres alados, nesta conta era tida. *N.T.*

[238] Má escolha, portanto, ainda por cima se essa actividade poética se distinguia pela falta de qualidade. Daí a conclusão do epigrama, que joga com o duplo sentido de *cor*: por um lado, a prenda (barata) que se destina a ser cozinhada, o coração de boi; por outro, o que resulta da expressão *cor habere*, que significava 'ter juízo', coisa que ele manifestamente não tem.

220. Cozinheiro
A arte apenas não basta a um cozinheiro: não quero que seu palato seja escravo; o cozinheiro deve ter os gostos do seu senhor.[239]

221. Grelha com espetos
Que as barras da tua grelha pinguem com rolo de costeleta;[240]
que o espumante javali fumegue em longo espeto.

222. Confeiteiro
Esta mão erguerá para ti mil formas doces
de arte: é para este apenas que trabalha a poupada abelha.

223. Pastéis de gordura[241]
Levantem-se! Já o pasteleiro vende aos meninos os seus pequenos-
[-almoços
e as aves de crista cantam o nascer do dia por toda a parte.

---

[239] Se os gostos do senhor se caracterizam por requintes que não estão ao alcance dos escravos comuns, então o escravo que lhe proporciona esses pratos também não pode ter um palato como o dos restantes escravos. É uma situação algo paradoxal em que o escravo tem de ter um paladar de homem livre para satisfazer o seu senhor. *N.T.*

[240] Baseado no confronto deste passo com os de Marcial 10.48.15 e de Juvenal 11.144, bem como no comentário de Ullman a Petrónio 56.8-9, e, sobretudo, em Apício 7.4.2, onde, entre os diversos modos de preparação das costeletas, o mestre descreve as *offellas Apicianas: ofellas exossas, in rotundam complicas, ad furnum admoues. Postea praeduras, leuas et, ut humorem exspuant, in craticula igni lento exsiccabis, ita ne urantur,* Leary conclui que *ofella* é, aparentemente, 'costeleta'. Segundo R. L. Dunbabin, citado por Leary (1996: 290), as costeletas «were rolled up like beef olives and fastened with skewer». O facto de o adjectivo *curuus* não aparecer em mais lado nenhum com este sentido ('rolled up') não quer dizer, na opinião de Leary, que Dunbabin não tenha razão. Como no prato de Apício, as costeletas certamente entrariam também neste prato desossadas. *N.T.*

[241] Tratar-se-ia de bolos fritos em gordura. Os Romanos não comiam nada ou praticamente nada pela manhã. As crianças, porém, no caminho para a escola (que começava muito cedo), compravam um bolinho ou outro para lhes adoçar a boca e matar a fome. Este epigrama assume, além disso, a forma de autêntico 'fecho' deste livro especial: os meninos já regressam à escola, os dias de férias das Saturnais chegaram ao fim.

Índice

Nota prévia 9

Introdução 11

Livro X 23

Livro XI 69

Livro XII 109

Livro XIII 145

Livro XIV 167

Paginação, impressão e acabamento
da
CASAGRAF - Artes Gráficas Unipessoal, Lda.
para
EDIÇÕES 70, LDA.
Fevereiro de 2004